아버지는 언제 아버지가 되는 걸까?
부성애는 어떻게 하면 싹트는 걸까?
아이가 생겼을 때 내 안에서 들려왔던, 그런 물음들에 귀를 기울이며 썼던 각본입니다.

고레에다 히로카즈

그렇게 아버지가 된다

완성 대본 전 7권
2시간 00분 49초 09프레임 10874FT01K

감독/각본 고레에다 히로카즈

GAGA

FUJI TV MOVIES

○1 세이카 학원 초등부 / 면접실

자막 – 11월

<u>노크</u>　　노크하는 소리.

<u>들어오는 소리</u>　　**교감 목소리**　　들어오세요.
　　　　　　　　료타 목소리　　실례합니다.
　　　　　　　　교장 목소리　　자, 앉으시죠.

2012년 11월. 면접관(교장·교감)이 료타 가족의 자료를 손에 들고 있다.
자료에 붙어있는 세 명의 가족사진.

　　　　　교감　　　　（케이타에게) 그럼 이름과 나이, 생일을 알려주세요.
　　　　　케이타　　　노노미야 케이타입니다. 6살입니다.
　　　　　　　　　　　생일은 7월 28일입니다.

이 이야기의 주인공인 노노미야 료타(42세)와 그의 가족, 부인 미도리(29
세)와 외동아들 케이타(6세)가 셋이서 나란히 앉아 있다.

교장	케이타 군은 아버지와 어머니 중 누구를 닮았나요?
료타	온화하며 다른 사람에게 상냥한 점은 아내와 닮았다고 생각합니다.
교감	단점은 뭐라고 생각하십니까?
료타	장점과 같은 이야기일 수 있습니다만, 조금 느긋한 성격이라 승부에서 져도 별로 분해하지 않아 아버지의 입장에서는 조금 아쉬운 부분이 있습니다.
교감	케이타 군이 좋아하는 계절은 언제인가요?
케이타	여름입니다.
교감	올해 여름에는 무엇을 했습니까?
케이타	아버지와 캠핑하러 가서 연날리기를 했습니다.

료타, 미소 짓고 있다.

교장	아버지는 연날리기를 잘하시나요?
케이타	무척 잘하십니다.

웃는 얼굴로 고개를 끄덕이는 료타.

○2 같은 장소 / 체육관

번호표를 가슴에 달고 있는 아이들이 3개의 그룹으로 나뉘어 비닐봉지를 입으로 불고 있다. 종이로 만든 발과 날개를 셀로판테이프로 비닐봉지에 붙여 하늘을 나는 '생물'을 만들고 있다.

자막 – 후쿠야마 마사하루
자막 – 오노 마치코

자막 - 마키 요코

자막 - 릴리 프랭키

자막 - 감독·각본 고레에다 히로카즈

그 모습을 관찰하고 있는 시험감독들. 아이들 속에 있는 케이타.

자막 - 그렇게 아버지가 된다

○3 같은 장소 / 2층 로비

료타가 유리 너머로 밖을 보고 있다.
슈트 차림의 뒷모습. 소파에 앉아있던 부인 미도리가 그 뒷모습을 향해 말을 건다.

　　　미도리　　　변했어?

뒤돌아보는 료타.

　　　료타　　　…제법 돈을 번 모양인데. (턱으로 밖을 가리키며) 운동장에 저런 조명 같은 것도 없었고.
　　　미도리　　　들리겠어. (주변을 신경쓴다)

료타, 휴대폰을 꺼내 시간을 확인.
아이들이 '아빠, 엄마!'라며 시험 회장에서 돌아온다. 케이타도 미도리가 있는 곳으로 달려온다.

　　　케이타　　　다녀왔어요.

미도리	어서 와.
직원	아버님, 어머님 여러분. 오늘 일정은 여기까지입니다. 조심히 돌아가세요.
료타/미도리/학부모들	(웃는 얼굴로) 감사합니다.
미도리	재밌었어?
케이타	응.

료타, 케이타에게 다가가

료타	(언짢은 듯) 케이타, 아빠랑 캠핑 같은 거 간 적 없었잖아.
케이타	응.
료타	어째서 그런 말을 한 거야?
케이타	학원 선생님이 그렇게 말하라고 해서.
료타	흠, 입시 학원은 대단한 곳이구나(라며 살짝 비꼬듯).
미도리	(작은 목소리로) '어머니가 만든 오므라이스입니다'도 제대로 말했잖아, 그치.

세 명은 함께 계단을 내려와 현관으로 향한다.

M2 29초

미도리	재미있었어?
케이타	응.
미도리	풍선 만들었어?
케이타	응, 귀여운 도깨비.
미도리	귀여운 도깨비 만들었어?
케이타	응, 비닐봉지로…

○4 미사키 건설 / 엘리베이터 / 안

타고 있는 료타.

○5 같은 장소 / 엘리베이터 / 앞

엘리베이터에서 내리던 료타는 건설 설계본부의 상사 우에야마(55세)와 딱 마주친다.

료타	오오.
우에야마	어이쿠, 들켜 버렸네.
료타	별일이네요. 토요일에.
우에야마	자네가 오기 전에 가려고 했는데 말이지. (안쪽을 손가락으로 가리키며) CG 괜찮던데?
료타	아… 세 번이나 수정했으니까요.
우에야마	(어깨를 두드리며) 자네한테 맡길게. 그럼 훼방꾼은 이만 물러나겠습니다.
료타	아, 금방 끝날 텐데 저번에 그 가게 가지 않으실래요?
우에야마	아, 미안해. 긴자에서 아내랑 영화 보기로 했어. 우수한 부하를 둔 상사는 가족 서비스하느라 매우 바쁜 법이거든.

우에야마는 웃으며 손을 흔들고 돌아간다.
머리를 숙이는 료타. 두 사람 사이에는 세대를 뛰어넘는 신뢰 관계가 있다.

우에야마	잘 부탁해.
료타	수고하셨습니다.

○6 같은 장소 / 사무실

커다란 사무실(대형 종합 건설회사). 그곳에 놓인 모형 빌딩과 벽에 걸려있는 다리와 댐의 사진 패널. 일본을 만들어왔다는 자부가 느껴진다. 료타를 둘러싼 스태프들이 프레젠테이션 준비를 하고 있다. 신주쿠역 앞의 대규모 재개발 프로젝트.

료타	이쪽이 남쪽이고, 이쪽이 북쪽인 거지.
노하라	네… 해는 이렇게 들어오고요(라며 움직임을 나타낸다).
료타	그러면, 여기 공원에 가족끼리 온 사람들을 좀 더 늘려줘.
이치조	개를 데려온 사람이라든가.
료타	아, 그거 좋네. 가정적이고 따뜻한 느낌을 좀 더 더해봐.

마츠시타 하루나(36세)가 배달음식 메뉴를 손에 들고 온다.

하루나	여러분, 리더(료타)가 저녁밥 쏜다는데, 뭐 드실래요?

'오오!'라며 신이 난 부하들.

하루나	피자를 시킬까, 가마메시를 시킬까…

○7 료타의 맨션 / 부엌

케이타는 두뇌 단련 게임을 하고 있다. 미도리는 저녁밥을 하며 엄마와 전화 통화를 하고 있다.

미도리	응… 응. 나는 공립이라도 괜찮다고 생각하는데, 그이는

나중에 고생하는 것보다 지금 애써두는 편이 낫다고…
응…응… (집 전화가 울린다) 아, 전화 왔다. 그럼 끊을게.

케이타　　　아빠다.

미도리　　　응. 이모 일은 조만간 다시 얘기해요.

케이타가 전화를 받는다.

케이타　　　여보세요. (아빠가 아니라서 조용하다)

미도리　　　네. 그럼 또 전화할게. (전화를 끊는다) 아빠야? 저녁
　　　　　　밥 어떻게 할 건지(물어봐).

○8 밤거리

료타의 맨션이 보인다. 집으로 돌아가는 차.

○9 료타의 맨션 / 지하주차장

들어서는 료타의 차.
차에서 내려 오토락 문을 열고 맨션 지하를 걸어가는 료타.

○10 같은 장소 / 현관~리빙룸

집으로 돌아온 료타.

미도리　　　좀 더 늦게 올 줄 알았더니.

마중 나온 잠옷 차림의 케이타는 료타의 윗옷을 의자에 걸쳐두고 wii를 하

며 놀기 시작한다.

료타	그렇게 됐네. 이야, 오늘은 벌써 피아노 연습 끝났어?
미도리	시험도 일단 끝났고, 오늘은(쉬어도 될 것 같아서)…
료타	당신이 그러면 어쩌자는 거야. 이런 건 하루라도 쉬면 말이지…
미도리	따라잡는 데 3일 걸린다고요. (벌써 몇 번이나 들었다) 자, 케이타. 그럼 피아노 연습할까?
케이타	응.
미도리	그래, 그럼 열심히 하자.

케이타, 게임을 그만두고 피아노를 시작한다.

미도리	밥은 먹고 온 거지? 목욕물 데워놨는데.
료타	피자 한 조각 먹었어.
미도리	정말? 문자라도 보내지 그랬어.
료타	뭐 없어?
미도리	(곤란한 목소리지만 미도리는 바지런하게 료타를 챙긴다) 우동은 금방 삶을 수 있는데. 미무라 씨가 가가와에서 보내주셨거든.

케이타 피아노 친다
풀립

료타는 넥타이와 시계를 풀며 미도리에게 말한다.

료타	응. 그럼 먹어볼까. 꼬들꼬들하게 삶아줘, 부탁이야. 꼬들꼬들하게.

미도리는 부엌으로.

미도리	이제 실패 안 한다니까… 아, 밤이니까 달걀은 넣으면 안 돼. 콜레스테롤 수치 높아지니까.
료타	그 정도는 괜찮잖아. 하나 정도는 괜찮아. 그치, 케이타?
케이타	안 돼!

양손으로 엑스자를 그리는 케이타. 충격을 받고 비틀거리는 척하는 료타.

료타	어째서 안 되는 거야?

일어서서 피아노에 다가가 함께 피아노를 치는 료타와 케이타. 파를 썰면서 흐뭇하게 미소 지으며 보는 미도리.

료타 목소리	다시 한번 더 해볼까? 하나, 둘.

○11 같은 장소 / 침실~리빙룸

침실의 미도리와 리빙룸의 료타가 이야기를 주고받는다. 잠이 든 케이타의 손에서 그림책을 살짝 꺼내 정리하는 미도리.

미도리	미무라 씨는 새로운 일 잘하고 있으려나.
료타	(관심 없다) 어떻게든 하고 있겠지. 그 녀석에게는 원래부터 시골이 더 잘 어울렸어.
미도리	냉정하다니까. 그렇게 귀여워했으면서.
료타	그만둔 (낙오한) 녀석까지 신경 쓸 여유 없어.
미도리	저도 그만둔 녀석인데 말이죠. 죄송하게 됐네요.

미도리, 침실에서 나와 부엌으로. 료타가 마실 커피를 준비한다. 목욕을 마

치고 나와 소파에서 업무 서류 등을 펼쳐놓고 읽고 있는 료타.

료타	잠들었어?
미도리	응… 역시 긴장해서 피곤했나 봐.
료타	뭐, 할 만큼 했으니까… 이제는 케이타가 어떻게 하느냐지.
미도리	열심히 하고 있거든요. 아빠처럼 되고 싶다고.
료타	(업무 서류로 시선을 내리깐다)
미도리	요즘 좀 야무진 면이 생긴 것 같지 않아?
료타	그런가?
미도리	다이치에게 그만두라는 말도 할 수 있게 됐나 봐.
료타	그럼 다행이지만. 요즘 같은 세상에 너무 착한 건 손해니까.
미도리	면접 때는 장점이라고 말했으면서. 가끔은 칭찬도 해 줘.
료타	둘 다 어리광을 받아주면 어쩌자고.

그렇게 말을 남기고 료타는 자료를 손에 들고 서재로.

○12 같은 장소 / 서재

미도리	(문밖에서) 똑똑(하고 목소리로).
료타	응.

미도리가 커피를 가지고 방으로 들어온다.
방 안에는 기타가 한 대. 료타는 읽고 있던 서류를 파일에 정리한다.

미도리	오늘은 바빴을 텐데 고마워. 케이타도 기뻐했어.
료타	일요일 정도는 같이 있으려 하는데. 그래도, 이번 프로젝트가 끝나면 시간이 조금은 생길 테니까…

미도리	요 6년간 줄곧 똑같은 이야기를 하고 계시는데요.
료타	그런가…?
미도리	그러셨답니다. … 아, 맞다. 오늘 마에바시 병원에서 전화가 왔었어.
료타	병원?
미도리	응, 거기 있잖아, 케이타 낳았던…
료타	아아… 뭐래?
미도리	할 말이 있다는데…
료타	뭔데?
미도리	만나서 이야기한다는데… 뭘까? (살짝 불안하다)
료타	…으음. 귀찮은 일만 아니었으면 좋겠는데.

○13 시내 호텔 / 실내 (복도)

로비에서 들려오는 웃음소리 (사람 소리) 로비에는 결혼식을 앞둔 가족들이 몇 명, 예복을 입고 오가고 있다. 화목한 분위기의 웃음소리.

○14 같은 장소 / 회의실

마주 보고 앉은 료타 부부와 병원 사무부장, 아키야마 케이조. 그 옆에 변호사인 오리마 타다하루(55세).
손도 대지 않은 커피가 식어가고 있다. 미도리가 앉아 있는 의자 곁에는 아키야마가 선물로 가지고 온 듯한 '타비가라스'1의 종이봉투가 오도카니 놓여있다.

료타	뒤바뀌다니… 그런 건 우리가 태어났을 때나 있었던 이야기죠.

---

1. 旅がらす(たびがらす): 군마현의 유명한 과자. 떠돌이. 정처없이 떠도는 나그네라는 뜻.

표정을 잃어버린 미도리.

오리마	네. 사고 대부분이 1960년대 후반에 일어났었죠.
아키야마	우리 병원에서도 당시 사고를 교훈으로 삼아, 아기 이름을 발바닥에 매직으로 적는 것은 1969년부터 그만두었습니다.
료타	어째서 이제 와서 이런 일이… 그래서, 그… 상대방 부부의 남자아이는…
아키야마	네… 초등학교 입학을 위해 혈액검사를 했더니 부모님과 일치하지 않아서…
료타	저희는 혈액형은 문제없었습니다. 그렇지?
미도리	확실한 건가요?
일동	……
미도리	정말로 케이타는… 저희 아이가 아닌 건가요…?
아키야마	같은 시기에 입원해있던 남자아이가 3명 있었는데, 우선 정식으로 DNA 검사를 받으시고, 그 이후에…
료타	……

○15 료타의 맨션 / 다이닝룸

축하하기 위한 식사 자리. 준비한 케이크의 초에 불을 붙인다.

세 사람	이제 두 개… 이제 두 개, 이제 한 개… 이제 한 개…
료타/미도리	하나, 둘! 케이타, 합격 축하해.
료타	꺼도 돼.
미도리	어서 끄렴.

얼핏 행복해 보이는 세 사람. 케이타, 촛불을 불어서 끈다. 어두워진 방에서 박수 치는 미도리와 료타.

미도리   오-, 잘하는데.
료타   대단해.

× × × ×

케이타, 샐러드를 먹는다.

케이타   토마토 맛있어.
미도리   맛있어? 역시 그렇지? 오오, 입도 엄청나게 큰걸.

× × × ×

미도리   그럼 새우튀김. 새우튀김!

미도리, 새우튀김을 손에 들고 자세를 취하고, 사진을 찍는 케이타.

료타   찍었어? 어디 보자.
미도리   찍었어?

카메라 화면을 료타에게 보여주는 케이타.

료타   오, 잘 찍었네.
미도리   제법인데.

×　　×　　×　　×

　　미도리　　하나, 둘……

미도리는 케이타의 사진을 찍는다.

　　미도리　　찍었어요. …볼래?
　　케이타　　응.

화면을 확인하는 케이타.

　　료타　　어때?
　　미도리　　이거 누르는 거 맞지?
　　케이타　　있잖아, 여기 누르면 다시 돌아가는 거야.
　　미도리　　아, 정말 그러네. 그럼 다시 찍을게. 찍을까?
　　케이타　　여기 누르고…

케이타를 바라보는 료타.

○16 같은 장소 / 침실

침대에 세 명이 나란히 누워 뒹굴뒹굴하고 있다. 즐거운 듯 서로 장난치는 세 사람. 케이타가 두 사람의 손을 맞잡고 손등을 맞대고 문지르며 '사이좋게 지내기'를 한다.

　　케이타　　사이좋게 지내기…
　　미도리　　사이좋게 지내기.

케이타   사이좋게… 사이좋게 지내기.

○17 DNA 연구소 / 통로

며칠 후. 세 사람, 엘리베이터에 탄다.
무미건조한 공간 속을 걷는 료타 가족, 세 사람. 상황을 모르는 케이타는
즐거운 듯하다.

○18 같은 공간 / 실내

불안해하는 미도리의 손을 잡아주는 료타.

검사원   입을 벌려볼까?

DNA 검사를 받는 케이타. 카메라 플래시가 터진다.

○19 오리마 / 미네 종합 법률 사무소 (오래된 건물)

엘리베이터가 없는 오래된 빌딩. 비에 젖은 우산을 손에 든 료타와 미도리
가 나선계단을 올라간다.

료타 목소리   '자료1 노노미야 료타', '자료2 노노미야 미도리'와,

○20 같은 장소 / 응접실

변호사에게 건네받은 감정서를 읽는 료타와 미도리.

료타 목소리　　　'자료3 노노미야 케이타'는 검사 결과 '생물학적 친자
　　　　　　　　　가 아닌 것'으로 확인된다.

○21 건널목

무음 ↓

유리를 치는
소리로
현실 음으로
돌아온다

료타의 차가 멈춰 서 있다. 전철이 다가온다. 조용히 있는 두 사람. 갑자기
료타가 창 유리를 있는 힘껏 친다. 깜짝 놀라는 미도리.

료타　　　　　역시 그런 거였어…

울고 있던 미도리는 료타의 그 한마디에 놀라 그를 향해 시선을 돌린다. 그
시선을 눈치채지 못하는 료타. 눈앞에 전철이 지나가고 있다.

료타 목소리　　　그러니까…

○22 료타의 맨션 / 리빙룸

료타　　　　　말했었잖아… 그런 시골 병원에서 괜찮겠냐고.

료타의 말투는 미도리를 탓하는 듯하다.

미도리　　　　하지만… 나도 거기서 태어났고… 우리 집 형제들도 다
　　　　　　　들…
료타　　　　　아무리 그래도 말이야…
미도리　　　　자기는 바쁘고… 나는 불안하니까, 엄마가 와서 봐줄
　　　　　　　수 있는 편이 좋다고 생각했단 말이야…
료타　　　　　(한숨)

| 미도리 | (사진을 비교하며) 하지만 어째서 눈치채지 못했던 걸까… 나는 엄마인데… |

○ 23 고속도로

수도 고속도로 북쪽을 향해 달리는 료타의 차(차 안에서 보는 시점).

○ 24 마에바시 중앙 종합병원 / 회의실

나란히 기다리고 있는 료타와 미도리. 테이블 위에 놓여 있는 명함. 복도를 걸어오는 발자국 소리가 들려온다. 료타는 시계를 본다. 15분 지각이다.

아키야마 목소리	네, 이쪽 응접실입니다.
유다이 목소리	15분 늦었어.
유카리 목소리	그러니까 어제 기름 넣어두라고 했잖아.
유다이 목소리	바보야, 그건 내가 그런 게 아니라…
아키야마	오셨습니다.
유다이	(땀을 닦으며) 아, 죄송합니다. 많이 기다리시게 해서…
유카리	죄송합니다.
유다이	아니 이사람(유카리)이 그 스웨터는 안된다는 둥 잔소리를 시작하는 바람에…

병원 관계자인 아키야마가 데려와 눈앞에 등장한 부부는 지방에서 작은 전파상을 하는 전형적인 블루칼라.
남편 사이키 유다이(46세)는 입고 있는 옷만 봐도 감각적인 사람은 아니며 (일단 스웨터 위에 재킷을 입고 있다), 료타와는 사는 세계가 전혀 다른 남자다. 부인 유카리는 언뜻 보기에 기가 세 보이는 미인.

유카리	아, 안녕하세요.
오리마	이쪽은 사이키 씨입니다.
유다이	아, 안녕하세요. 이게 참, 무슨 일인지… 마른하늘에 날벼락 같아서.
유카리	안사람입니다. 유카리라고 합니다.
오리마	이쪽이…
료타	노노미야입니다.

라고 직접 소개하는 료타.

료타	그리고 아내 미도리입니다.

미도리, 말을 하지 못한 채 고개 숙여 인사만 한다.

×　　　×　　　×　　　×

료타와 미도리의 앞에 놓인 한 장의 사진.
미도리도 가방에서 케이타의 사진을 꺼내어 나란히 둔다. 수험용으로 사진
관에서 찍었던 사진이다.

유카리	류세이라고 합니다.
미도리	케이타예요.

__원내 안내방송__ 류세이의 사진은 휴대폰 카메라로 찍어서 인화한 것. 수영장에서 놀고 있는 류
세이. 건강하게 햇빛에 탄 피부와 하얀 이가 눈부시다. 케이타와는 정반대다.

유다이	이게… 올여름. 선피아 갔을 때. 그치?

	유카리	잠깐만. 좀 더 제대로 찍힌 사진 없었어?
유다이의 휴대폰에서 아이들의 웃음소리	유다이	아, 그럼… (휴대폰 동영상을 보여주며) 이건? 이거, 이건 어때?
	유카리	(화면을 보여) 가라스강에서 찍은 거.
	유다이	그래, 가라스강. 여기는 아직 산천어라든지 곤들매기가 잔뜩 있어가지고… 이거요. 이거, 여기 제일 가운데… 지금, 물총, 이거 가지고 놀고 있는 게 류세이예요.

들여다보는 료타와 미도리.

	유카리	(상대방에게) 생일은요?
	미도리	7월 28일요.
	유카리	아, 똑같네. 우린 여기서 만났던 걸까요?
	미도리	(고개를 갸웃거리며) 출산 후에 저는 컨디션이 나빠져서… 잠만 잤거든요.
	유다이	그날은 날씨가 좋았어요. 이 사람이 오키나와의 여름 같다고 말하길래 오키나와의 옛 이름인 '류큐'에서 '류(琉)'를 가져오고, 갤 '청(晴)'을 붙여서 류세이(琉晴)라고.
	아키야마	어쨌든 이런 경우, 마지막에는 100% 양쪽 부모님이 '교환'이라는 선택을 합니다. 아이들의 장래를 생각한다면 결단은 빠를수록 좋다고 생각합니다. 가능하다면 초등학교 입학 전에…
	미도리	너무 갑작스러운 말씀이신데요…
	유카리	4월이면… 앞으로 반년도 안 남았잖아요.
	유다이	개나 고양이라면 몰라도…
	유카리	개나 고양이라도 무리야.
	유다이	맞아, 개나 고양이라도 그건 안되는 이야기죠. (유다이

의 발언에 주체성은 없다. 주도권은 젊은 아내가 쥐고 있다) 게다가… 그런 이야기를 꺼내기 전에, 당신네 먼저 해야 할 일(돈 이야기)이 있는 거 아닙니까?

아키야마 　네, 그래서 지금 오리마 변호사와 의논하고 있는데요…

오리마 　네. (머리를 숙인다) 부모님들 마음을 헤아려보면, 무어라드릴 말씀이 없습니다. 하지만 이 문제는 무엇보다 두 아이의 장래를 먼저 생각해야 할 문제라…

듣고 있는 료타.

○25 같은 장소 / 바깥

나란히 서서 머리를 숙이는 병원 관계자들. 그들을 뒤로하면서 신경 쓰며 걸어 나가는 네 사람.

료타 　　가족끼리 한번 만나지 않으시겠습니까.

유다이 　그게 좋겠네요. 케이타도 만나보고 싶고요.

료타 　　그럼 연락 주고받읍시다.

각자의 차에 올라탄다.

〔2권 S#27 미도리의 친정·현관 ~ S#47 료타의 맨션·다이닝룸〕
19분 48초 13프레임 / 1782FT13K

○26 미도리의 친정 / 바깥

자동차 문
잠기는 소리 　오후. 료타의 차가 도착한다. 리코가 현관까지 마중 나온다.

리코	저런, 늦었구나.
료타	죄송합니다.
리코	괜찮아.

○27 같은 장소 / 현관

리코	그래서, 어땠어? 그쪽은… 어떤 사람이었어?
료타	(그저 그런) 전파상이었어요.
리코	아, 전파상…
료타	네.
리코	자, 어서 들어와.

라며 두 사람을 안으로 불러들인다.

료타	아, 어머님. 저기 이거(라며 보따리를 내밀면서) 아까 깜빡하고 못 드려서…
리코	어머나, 고마워라. '도라야'¹ 잖아. (살짝 흔들어보며) 아, 이거, 이 정도 무게면 '양갱'인가 봐?

라며 신이 나서 떠든다.

료타	맞추셨어요.
미도리	엄마 그만해. 양갱 정도로 부끄럽게.
리코	양갱 정도라니, 그런 소리 하면 호랑이한테 잡아 먹힌다.
미도리	케이타는?

안에서 자고 있어, 라는 행동을 하는 엄마.

---

1. 虎屋(とらや): : 양갱으로 유명한 일본 과자전문점. 호랑이 가게라는 뜻.

리코   응, 자고 있어, wii 게임 엄청나게 하고서는(라며 테니스 라켓을 치는 행동), 어휴… 나는 내일 근육통이 오겠구나.

○28 같은 장소 / 침실

두 사람은 케이타의 자는 얼굴을 보러 간다. 방 모퉁이에 오래된 재봉틀과 편물기가 놓여있다. 미도리가 어머니에게 손뜨개를 배운 적이 있다는 것을 알 수 있다. 케이타의 자는 얼굴을 본 미도리는 다시 눈물이 나올 것 같다.

○29 같은 장소 / 불간

미도리는 놓여있던 티슈로 코를 풀며 눈물을 훔친다. 리코는 받았던 양갱을 합격통지서 옆에 올리고 불단에 기도를 올리며, 딸에게 말을 건다.

리코   이제 와서 하는 말이지만… 이웃집 야마시타 씨네 할머니가 케이타를 보고선 말이다, '아무도 안 닮았네' 그랬었어. 그게… 그래, 아마 재작년이었지… 맞아.

미도리도 나란히 향에 불을 붙인다.

리코   (료타 쪽을 슬쩍 보고) 료타는… 우리 집과는 균형이 맞지 않을 정도로 그런 사람이긴 하지만…

리코   너희를 안 좋게 생각하는 사람이 세상에 잔뜩 있단 말이야. 그런 사람들의… 그런 기운이 말이다…

미도리   그만 좀 해. 딱히 누가 우리를 저주해서 일어난 일이 아니니까.

리코는 미도리의 등을 어루만진다.

리코 　　　아유⋯ 정말⋯ 그래그래⋯

○ 30 대규모 부동산 회사 / 공모회장

건설 계획 프레젠테이션 중. 그 중심에 있는 우에야마와 료타.

하루나 　　　여기, 신주쿠역 서쪽 입구 재개발의 중심이 될 '신주쿠 더 스파이럴 타워'를 자신 있게 제안합니다. ⋯ (이하 오프) 이번 테마이기도 한 녹지공간과 사무실의 공존, 도심 속에서도 힐링이 되는 공간 만들기에 주목했습니다. 슈퍼 퀄리티와 어반컴포트의 융합. 그 발상을 형태로 만들어낸 개방적이고 쾌적한 나선 스파이럴 플로어. 이곳에서 일하는 사람의 몸과 마음뿐 아니라 머무는 사람, 쉬는 사람 등 모든 사람에게 편안함을 선사합니다. 이 스파이럴 플로어와 유리로 구성된 중심부의 오피스 타워. 새롭게, 다시 태어나는⋯

실내의 불이 꺼지며 커다란 모니터에 CG 영상이 비친다. 료타와 우에야마는 속삭이기 시작한다.

우에야마 　　　그나저나 어처구니없는 재난을 만났군.
료타 　　　하지만 일에는 지장 없도록 하겠습니다.
우에야마 　　　그런 말이 아니라, 어떻게 할 건가? 바꾸는 건가?
료타 　　　아뇨⋯ 아직 거기까지는⋯
우에야마 　　　이왕이면 둘 다 키워버려.

료타	둘 다 말인가요…? (생각한다)
우에야마	응. 괜찮은 생각이지?
료타	… (생각한다)

○31 쇼핑몰 / 꽃 광장

두 가족은 처음으로 아이들과 함께 만나기로 했다. 지방 도시 쇼핑몰. 캐럴
이 흐르고, 크리스마스 장식이 되어 있다. 케이타는 혼자 놀고 있다. 유다
이의 가족들은 또 지각이다.

미도리	(한숨)
료타	왜 그래? 만나고 싶지 않아? 우리 아이.
미도리	그런 게 아니라… 어쩐지… 이대로라면 병원에서 말한 대로 될 것 같아서.
료타	괜찮다니까. 나한테 맡겨.

뛰어오는 유다이의 가족들. 유카리는 미유(4세)와 야마토(3세)의 손을 잡
고 있다.
야마토는 걸어오며 이름을 말하는 연습을 하고 있다.

야마토	야마토입니다… 야마토입니다… 야마토입니다…
유다이	죄송합니다, 죄송합니다… 나올 때가 다 되어서 이 사 람이 꾸물거리는 바람에.
류세이	안녕하세요. 사이키 류세이입니다.
야마토	(류세이의 자기소개와 겹치며) 야마…

야마토와 미유도 순서대로 인사를 한다.

야마토	야마토입니다.
미유	미유입니다.

케이타는 부끄러워하며 머뭇거리고 만다.

료타	어서, 자기소개 해야지(라며 등을 민다).
케이타	안녕하세요, 노노미야 케이타입니다.
유다이	네, 안녕하세요.

○ 32 같은 장소 / 키즈파크 안 / 카페

점원A	주문하신 음료 먼저 준비해드리겠습니다. 식사 메뉴는 3번에서 기다려주세요. (료타에게 번호표를 건네며) 감사합니다.

사람 수대로 음료수를 들고 가려 하는 유카리의 쟁반에서 자기 몫의 음료수만 먼저 들고 달려가는 류세이.

유카리	…류, 요 녀석!

계산대에서 계산을 하는 유다이.

유다이	(료타에게) 평소보다 조금 사치를 부려버렸네.
료타	……
유카리 목소리	거기 서! … 류! 네가 형이잖아! 잠깐!
점원B	6030엔입니다.

지갑을 꺼내려는 료타에게 괜찮다며 막는 유다이.

료타	아뇨… 여긴 제가.
유다이	아아 - 아뇨, 아니에요. (점원에게) 영수증.
점원B	네.
유다이	저기, 마에바시 중앙 종합병원으로…
점원B	네.
유다이	아, 이것도 같이.

라며 카운터에 놓인 과자를 4개 집어서 펼쳐놓는다.

점원B	아, 네. 감사합니다.
료타	……

○33 같은 장소 / 가게 안

모두 앉아서 먹고 있다. 류세이는 콜라를, 케이타는 오렌지 주스를 마시고 있다.
자기와 닮은 곳은 없나? 료타는 친아들을 관찰한다. 구김살이 없는 웃는 얼굴의 류세이. 빨대를 깨물어가며 음료수를 마시고, 다 마신 뒤 놀러 가려고 일어선다.

류세이	잘 먹었습니다. 같이 놀러 갈래? (라며 케이타에게 말을 건다)
유다이	잘 먹었습니다. 야마토도 같이 놀러 가렴.

케이타는 료타의 표정을 살핀다.

| 료타 | 다녀와. |

류세이에게 손을 이끌려 달려가는 케이타. 미유와 야마토도 따라서 달려간다.

| 유다이 | 미유, 야마토 데려가. |
| 유카리 | 류, 미유랑 야마토 잘 봐줘. |

함께 노는 아이들.
케이타와 류세이는 손을 잡고 미끄럼틀을 탄다.

| 유카리 | 아이들은 빠르네… |
| 유다이 | 그런데… 거, 얼마나 받을 수 있을까. 위자료 말이지. |

불현듯 중얼거린 그 한마디가 료타가 유다이에게 느끼는 경멸감에 결정타가 된다.

료타	중요한 건 돈보다. 어쩌다 이렇게 되었는지 진상을 밝혀야…
유다이	그거야 그렇지만 말이죠, 아니 저도… 물론 그렇게 생각해요.
유카리	하지만요… 성의를 형태로 나타낸다는 건 역시, 그런 거잖아요.
유다이	맞아, 그런 이야기잖아요.
료타	아는 분 중에 변호사 계신가요? (있으리라 생각하지 않는다)
유다이	(유카리를 보며) …
유카리	…

료타	그럼, 이 건은 일단 저에게 맡겨주세요. 대학 동기 중에 친한 친구가 있어서요.
유다이	(어떻게 할 거야? 라며 유카리를 본다)
유카리	그럼, 부탁드리겠습니다.

유다이도 머리를 숙인다.

'아빠!'라며 아이들이 유다이를 부른다.

유다이	(손을 흔든다) 그래, 간다! 영차…

콜라를 다 들이마시고, 유다이가 아이들이 있는 곳으로 달려간다.
그런 유다이의 빨대에도 깨문 자국이 잔뜩 있다. 기가 막히는 료타.

료타	전화 좀 하고 올게.

료타, 자리를 뜬다.
유다이는 케이타를 포함해 네 명의 아이들과 차별 없이 놀아준다. 유다이는 커다란 놀이기구에서 굴러떨어진다.

유다이	목 아프잖아!

웃으면서 구르는 류세이. 유다이는 심지어 기구에 부딪혀 비명을 지른다.

유다이 목소리	…오 마이 갓!

웃으며 보고 있는 유카리와 미도리.

유카리	(류세이를 보며) 안 닮았어요… 혼자만.
미도리	……
유카리	입이 험한 친구가 '바람 피운 거지?' 그러더라고요. 말 한번 심하게 한다 했는데 설마… 정말 이럴 줄이야…
미도리	……

볼펜 심이 나오는 소리 유카리는 종이냅킨에 휴대폰 번호를 적기 시작한다.

○34 같은 장소 / 주차장

유다이의 차가 료타 가족 앞에 멈춘다.

유다이	케이타, 바이바이. 또 보자.
아이들	바이바이!

'또 봐요. 전화해요'라는 제스처를 취하는 유카리.
웃긴 표정을 짓는 유다이. 웃는 케이타. 차가 출발하고, 손을 흔들며 돌아가는 유다이의 가족.
료타는 미도리의 손에 쥐어진 메모를 발견한다.

료타	뭐야?
미도리	아. 유카리 씨. 뭐든 상담하라고…
료타	상담이라니, 뭘 잘난 척하면서 그런 말을 하는 거람. 똑바로 처신해. 어쩌면 싸우게 될지도 모르니까.
미도리	싸우다니?

○35 스즈모토 법률사무소

상담하러 온 료타. 방에 들어온 변호사 스즈모토(42세).

스즈모토	미안. 갑자기 지방법원에서 기자회견이 잡히는 바람에.
료타	바쁜데 미안하네.
스즈모토	이쪽은 예정대로 교섭 진행 중이니까.
료타	잘 부탁할게. 돈 문제보다 이유가 알고 싶어.
스즈모토	(다 알고 있답니다) 그런데 그쪽 변호사가 시골 사람이라. 평소에 채무정리만 잔뜩 해왔을 테고… 말이 통하지 않아.
료타	(머리 숙이며) 고생이 많으십니다.

칼로리 메이트를 먹기 시작하는 스즈모토.

스즈모토	먹어도 돼?

'드시죠'라며, 가방에서 노트를 꺼내 드는 료타.

료타	상담하고 싶은 건 소송 건이 아니고… 어떻게든 아이를 둘 다 (우리가) 데려올 방법이 없을까 해서 말이야.
스즈모토	(둘 다라…) 엄청난 생각을 하고 있네. 이제 와서 저쪽 아이의 아버지가 되겠다는 거야?
료타	일단 옆에 두고 보려고. 어쨌든 피는 이어져 있으니 어떻게든 되겠지.
스즈모토	피라고… 너 의외로 구식이구나.
료타	구식이니 신식이니 하는 그런 문제가 아니야. 아버지란 그런거야.

스즈모토	그게 구식이라는 거야. 하긴 넌 옛날부터 파더 콤플렉스가 있었으니까.
료타	무슨 바보 같은 소리야. (노트를 펼치며) 아, 이걸 보면 말이야, 영국에서는 부모가 아이를 키울 자격이 없다고 행정이 판단한 경우 아이를 데려와서 시설에 수용한다고 적혀있는데…
스즈모토	그건 마약중독이거나… 엄마가 집에서 매춘을 반복하는 그런 경우의 이야기야.
료타	…엄마는 금세 야단치고, 아빠는 집에서 빈둥거리는 것 같던데.
스즈모토	그 정도로는 무리지, 방치라고 말할 수는 없어. 친권이라는 건 강한 거야.
료타	거기에 상응하는 돈을 지급하고 데려오는 건 상관없는 거지? 상대가 받아들인다면…
스즈모토	하지만 받아들이지 않겠지.
료타	제안해 보는 건 괜찮은 거지? 기회를 봐서.
스즈모토	밀어붙이는 건 여전하구나. 우선은 서로 협력해서 소송에서 싸워나갔으면 좋겠는데, 변호사 된 입장으로서는.

○36 패밀리 레스토랑 / 가게 안

자막 - 1월

네 명의 아이들은 다 먹은 랍스터를 총으로 삼아 놀고 있다. 토요일에 정기적으로 가지는 두 가족의 합동 식사 모임. 오늘은 아키야마도 동석했다. 스즈모토도 있다.

오리마	어떠신가요. 벌써 네 번째 만남이고… 슬슬 숙박이라는 단계로 넘어가는 게 어떨까 하는데요. 아이들은 빨리 적응합니다.
스즈모토	그 단계로 가는 것이 어렵지는 않겠지만, 그것과 합의는 별개의 문제니까요.
오리마	네, 그건 물론이죠. 어떠신가요? 사이키 씨.
유다이	아… 그렇죠… 뭐, 이렇게 만나는 것도 즐겁고 그렇기는 한데요… 그렇지? (라며 유카리를 본다)
유카리	(불쾌) 네 번째 만나니까 어떻게 하라는 둥 뭐 그런 매뉴얼이라도 있는 건가요?
유다이	그건 또 그렇네… 뭔가 불쾌하네.
오리마	예상외로 잘 될지도 모릅니다. 뭣보다, 피가 이어져 있으니까요. 그걸 실감하신다면 지금 느끼시는 저항감도 (줄어드실겁니다)…
유카리	야마토나 미유도 생각해야죠. 그렇게 서두르고 싶지 않습니다.
유다이	맞습니다. 서두르고 싶지 않아요.
스즈모토	노노미야 씨는 어떠신가요?
료타	우선 주말만이라도 시작해 보지 않으시겠어요? 토요일에 하룻밤 잔다거나 하면서요.

류세이가 랍스터 집게발 총으로 어른들을 모두 죽이러 다가온다.

류세이	타다다다다다…

'와!' 하며 모두 죽는시늉을 한다. 유다이가 가장 그럴싸하게 죽는 척한다. 료타만 총알을 피한다.

류세이	타다다다다…

류세이 다시 한번 료타를 쏘려 한다.

유카리	중요한 이야기를 하고 있으니까 저쪽으로 가 있으렴.

류세이, 아이들이 있는 곳으로 돌아간다. 교대로 야마토가 다가온다.

야마토	팡 팡 팡

○ 37 피아노 교실

케이타
피아노를
친다
틀림

연습하고 있는 케이타. 견학하고 있는 미도리. 엄마의 얼굴을 몰래 보는 케이타. 선생님에게 무언가 지도받고 다시 피아노에 집중한다. 갑자기 울음을 터트리는 미도리. 곁에 앉아 있던 담당자가 '괜찮으신가요?'라며 신경을 써준다.

○ 38 돌아가는 길 ~ 료타의 맨션 / 바깥

미도리와 케이타. 손을 잡고 걷는다.

미도리	케이타, 피아노 재미있어?
케이타	…… (살짝 고개를 젓는다)
미도리	무리해서 계속하지 않아도 돼.
케이타	하지만 아빠가 칭찬해줬는데…
미도리	응… 그럼, 열심히 해볼까?
케이타	응…

미도리	…발표회도 있으니까.
케이타	응.
미도리	힘내자!
케이타	(달려나가며) 피용- 콰앙- 피용-
미도리	쾅-
케이타	쾅!

함께 웃는 미도리와 케이타.

○39 료타의 맨션 / 리빙룸

TV
게임 소리

밤, 료타와 케이타는 소파에 나란히 앉아 게임을 하고 있다.

료타	안 되겠어… 완전 져버렸네.
케이타	이겼다- 앗싸!
미도리 목소리	내일 잘 부탁드릴게요. 네, 네…

미도리는 배낭에 도구를 넣어가며 전화를 하고 있다.

케이타 목소리	…앗싸!
료타 목소리	아빠는 완전 못 당하겠다.

미도리는 있는 힘껏 씩씩한 척한다.

미도리	아-, 네, 소면은 괜찮아요. 네. 아… 날생선은 아직 먹인 적 없어요… (이하 오프) 네? 게요? 아아, 게맛살요… 네, 마요네즈로요. 네네, 네. 잘 부탁드릴게요.

	네… 네. 그럼 들어가세요.
료타	저기, 케이타 내일 말이야. 내일은 아침… 10시에, 여기서 출발하자.
케이타	응.
료타	(아무렇지 않게 슬쩍) 그리고, 가서 그대로… (게임 화면을 보며) 아, 흰색 나왔다. 그대로, 토요일은 류세이 집에서 자고 와.
케이타	응.
료타	괜찮아?
케이타	응.
료타	그래. 케이타가 강해지기 위한 미션 같은 거야… 미션이 뭔지 알아?
케이타	응.
료타	정말? 케이타가 강해져서 어른이 되기 위한 작전인 거야.

○40 길

이튿날 아침. 기타칸토의 풍경 속을 달리는 료타의 차. 뒷좌석에서 케이타는 피아노 연습을 하고 있다.

○41 유다이의 집 / 바깥

료타의 차가 도착한다
유다이의 집은 동네의 작은 전파상이다. 밖에서 팽이를 돌리며 기다리고 있던 류세이. 료타의 차를 발견하고 서둘러 집 안으로 돌아간다.

료타 목소리	(혼잣말) 아니 저기… 아무리 그래도 이건 아니지…

차에서 내리는 료타, 케이타를 데리고 간다. 미도리도 내려 유카리와 유다이에게 머리 숙여 인사.

> **료타/미도리**　　안녕하세요.
> **유다이/유카리**　안녕하세요.
> **료타**　　　　　　그럼… 잘 부탁드립니다.

료타, 케이타를 보내고 류세이를 데리고 차로 돌아온다.
미도리와 유카리는 짐을 교환하고 "잘 부탁드립니다"라며 서로 머리 숙여 인사한다. 미도리는 울고 싶지만 참는다.

> **료타**　　　　　　그럼 류세이, 뒤에 타고…

세 사람이 차에 올라타고 차가 출발한다. 마중하는 케이타, 유카리, 유다이.

○42 길

달리는 료타의 차. 류세이는 뒷좌석에서 게임을 하고 있다.

> **류세이**　　　　　아! 오 마이 갓!

○43 유다이의 집 / 즈타야 가게 / 마당

저녁. 집 주변을 탐험하고 있는 케이타. '츄지'라는 명패가 적혀있는 낡고 작은 개집을 들여다본다.

> **케이타**　　　　　츄지?

○44 같은 장소 / 즈타야 가게 / 가게 안

신문을 읽고 있던 유다이가 케이타를 보고 손으로 부른다. 점포 안으로 들어서는 케이타에게 미소 짓는 유다이.

유다이	있지, 스파이더맨이 거미라는 거 알고 있었어?
케이타	(고개를 저으며) 아니.
유다이	(웃음)

출입문을 열고 안면 있는 손님이 들어온다.

나베 씨	아아, 닥터! 날씨가 추워.
유다이	여어, 나베 씨, 잘 지냈어?
나베 씨	그럼 그럼.
유다이	무슨 일이야?
나베 씨	전구 사러 왔어, 화장실에서 쓸 거.
유다이	화장실 말이지. 그럼 60짜리면 되려나. 케이타, 거기 문 닫아줄래? 추우니까. 아, 그걸로 할래? 아니면 LED로 할래?

일어선 채 함께 전구를 고르는 케이타.

나베 씨	그렇게 밝으면 소변이 안 나온다고.
유다이	(웃음) 그럼 뭐, 40이면 되겠네. 190엔이야.
나베 씨	다음 주 일요일 시간 괜찮아? 아침 6시에.
유다이	아직도 야구해? 그 나이에도 아직 체력이 되는구나.
나베 씨	닥터는 투수 시켜줄게.

부엌에서 아이들과
유카리의 목소리

유다이	난 이제 무리야. 한쪽은 벌써 오십견이 와버려서(라며 팔을 돌린다). 봐, 올라가지도 않는걸.
나베 씨	저런, 아직 젊은데 말이야.
유다이	나베 씨는 힘내.
나베 씨	그럼 또 봐!
유다이	고마워.

만두 굽는 소리

부엌에서 소란스러운 목소리가 들려온다.

만두를 굽는 소리가 들린다(프라이팬에 물을 부어 치익-하는 큰 소리가 나며 뚜껑을 덮는다). 아이들과 유카리가 입을 맞추어 '시-작, 하나, 둘, 셋…' 하며 숫자를 세기 시작한다.

2층 계단에서 유카리의 아버지, 사이키 소타츠(70세)가 음식 냄새에 끌려 내려오고, 케이타의 옆을 지나 거실로 향한다.

소타츠	만두인가…?
유다이	만두예요.

○45 같은 장소 / 부엌

유카리와 아이들   다섯, 여섯, 일곱, 여덟, 아홉, 열…

만두를 굽는 유카리와 곁에서 보고 있는 아이들, 숫자를 세고 있다. 입구에 서서 보고 있는 케이타, 유카리와 눈이 마주친다.

유카리   열하나, 열둘, 열셋, 열넷, 열다섯…

유카리, 윙크한다.

케이타   ……

○46 같은 장소 / 거실

일동   만두, 만두, 만두! … 왔다, 왔다, 왔다!
유카리   네에, 오래 기다리셨습니다.

큰 접시에 담긴 만두를 다 함께 먹는 저녁 식사.

일동   잘 먹겠습니다!

'잘 먹겠습니다'도 하는 둥 마는 둥 하고 모두 앞다투어 만두를 집어 든다.
테이블 위에는 맥주와 콜라. 아이들과 똑같이 경쟁하듯 입에 넣는 바람에,
뜨거워서 만두를 뱉다가 유카리에게 혼나는 유다이.

유다이   (쿨럭쿨럭)
유카리   내가 못 살아.
유다이   목이 메었어…

끼어들지 못하는 케이타. (문화충격)

유카리   (케이타에게) 어서 먹어, 빨리 안 먹으면 없어서 못 먹어.
케이타   (먹으려 한다)
유다이   (소타츠에게) 갓 구운 만두는 맛있네요.
소타츠   (먹으면서 끄덕인다)
유카리   맛있어.

○47 료타의 맨션 / 다이닝룸

저녁 식사로는 '스키야키'를 준비했다.
료타가 굵은 설탕을 불판 위에 녹이며 고기를 굽기 시작한다.

미도리   아빠는 달걀은 하나 이상 금지야.
료타   뭐어? 스키야키인데 달걀 정도는 먹고 싶은 만큼 먹게
             해 줘. 그치? (류세이에게)

두 사람은 일부러 밝은 척 행동하려 한다.
류세이는 달걀을 쓰지 않는다. 보고 있는 료타.

류세이   앗 뜨거…
미도리   천천히 먹어, 천천히.
료타   어때? 맛있어?
류세이   아직 안 먹었어, 뜨거워서.
료타   (쓴웃음)

류세이가 먹기 시작한다.

류세이   맛있다.
미도리   맛있어…?
료타   맛있어?
미도리   다행이다.
료타   류세이, 잠깐만 젓가락 다시 쥐어봐.
류세이   …이렇게?

젓가락을 잘 쓰지 못하는 류세이에게 잡는 방법을 가르쳐준다.

> 료타   응, 그게 말이지… 준비됐니, 아저씨가 하는 걸 잘 보렴.
> 이렇게 해서, 이렇게 움직이는 거야. 응, 한번 해 봐.

그 모습을 복잡한 기분으로 보고 있는 미도리.

〔3권 S#48 료타의 맨션 · 목욕탕 ~ S#64 키즈파크 안 · 카페〕
15분 42초 03프레임 / 1413FT03K

○48 료타의 맨션 / 욕실

마음 편한 듯 혼자 욕조에 들어가 있는 류세이.
젓가락 쓰는 법을 흉내 내며 물 위에 떠 있는 장난감을 그물에 집어넣는다.

> 류세이   (성공해서) 앗싸.

○49 같은 장소 / 서재

책상 서랍을 당겨 열고 오래된 사진을 꺼내 보는 료타.
형과 찍은 사진. 엄마와 찍은 사진. 하지만 그 사진들을 고르지 않고 혼자 있는 사진을 류세이의 사진과 비교해본다.

○50 유다이의 집 / 바깥

이튿날 아침. 소타츠가 밖에서 길 위에 물을 끼얹고 있다.

○51 같은 장소 / 부엌~거실

신문을 읽고 있는 유다이. 안쪽에서 유카리가 불단에 올릴 밥을 들고 온다.
방 안을 보는 유카리. 케이타는 미닫이 틈으로 밖을 보고 있다. 동생 둘은
아직 이불 속에서 자고 있다.

유카리	케이타.
케이타	응?
유카리	이거 불단에 올려 줄래?
케이타	응.

밥을 받아 드는 케이타.

유카리	(불단을 가리키며) 저쪽이야.

케이타는 불단에 밥상을 올리고 손을 모아 기도한다.

유카리	(야마토와 미유에게) 일어나-! 일어나, 야마토… 일어나.
케이타	(유카리에게) 종 울려도 돼?
유카리	그럼.
유다이	네, 좋은 아침.
미유	좋은 아침!

케이타, 종을 친다. 옆에 나란히 앉는 유다이.

유다이	호오. 해본 적 있니?
케이타	할머니 집에서.

유다이   할머니 집이라, 그래…

동생들도 다가와 나란히 앉아 기도한다.
유다이도 손을 모으고 기도한다.

유다이   좋아, 다 같이 할까? 안녕히 주무셨나요, 할머니. 케이
                타예요. 잘 부탁드릴게요.

유카리와 아이들도 유다이의 말을 복창한다.

미유   미유입니다…

○52 같은 장소 / 츠타야 가게 / 가게 안

오후. 근처에 사는 아이가 들고 온 고장 난 장난감을 수리하고 있는 유다이.

유다이   뜨거우니까 다들 조심해… 알겠니?
야마토   연기 나왔어.
유다이   좋아! 이제 다 고친 것 같은데?
야마토   건전지…

유다이 주변에 모여서 보고 있는 케이타와 동생들. 미유가 리모컨을 돌리자
움직이지 않던 레이싱카가 움직이기 시작한다.

야마토   굉장해-!

라며 감탄의 목소리를 내뱉는 야마토. 모두 웃는다. 뿌듯한 유다이.

○53 료타의 맨션 / 리빙룸

방 안에 혼자 앉아서 놀고 있는 류세이. 소리가 나는 나무 장난감에 열중해
있다.
뜨개질하는 손을 멈추고 어찌할 바를 모른 채 보고 있는 미도리.

×　　×　　×　　×

커튼 너머에 서서 밖을 보고 있는 류세이.

　　　미도리　　　어느 거?
　　　류세이　　　어? 저거.
　　　미도리　　　스카이트리.
　　　류세이　　　(그렇구나) 맞제? 맞지…

×　　×　　×　　×

아무 말도 없는 두 사람의 시간.
류세이는 게임을 하고 있다. 이제 곧 돌아갈 시간이다.

　　　류세이　　　(게임에서 져서) 오 마이 갓! 졌다… (게임을 접고 일
　　　　　　　　　어난다) 지금 몇 시예요?
　　　미도리　　　응, 2시 45분.
　　　류세이　　　아… 아직 멀었나.

류세이는 다시 앉아 시계를 신경 쓰면서 게임으로 돌아간다.

미도리	돌아갈까?
류세이	! ……응.
미도리	집에 갈래?
류세이	갈래.

○54 마에바시오시마역 / 개찰구

계단을 올라오는 미도리와 류세이. 개찰구 밖에 마중 나온 가족을 발견하고 뛰어가는 류세이.

야마토 목소리	어서 와!
류세이	나 왔어!
유다이	오오, 류세이!
유카리	어서 오렴.

케이타도 미도리에게 달려간다.

미도리	말 잘 들었어?
케이타	응.
유카리	미안, 이렇게 먼 곳까지 오게 했네요.
미도리	아뇨. 원래 살던 곳인걸요.
유카리	그랬었죠.
유다이	료타 씨는?
미도리	뭔가 중요한 회의가 있는 모양이라…
유다이	아아, 일하는 거… 좋아하지.
유카리	조금은 배웠으면 좋겠어, 이 사람도.

유다이	나는 말이지, '내일 할 수 있는 일은 오늘 안 한다' 그게 신조거든.
유카리	네네. 그런 말 하는 중에도, 눈 한 번 깜빡하면 인생 따위는 끝나버린답니다.
유다이	무서운 말 하지 마라. 아직 조금은 남아있다 아이가. 맞제?

웃는 미도리.
케이타의 양 손바닥에는 반창고가 붙어있고 피가 배어 있다.

미도리	어머, 어쩌다 이런 거야?
유다이	아아, 그거 말이죠 (아무것도 아니라는 듯) 근처 공원에서 놀다가…
미도리	괜찮아?
케이타	달리기하다가 넘어졌어.
미도리	아아, 그랬구나… (상처를 보고 있다)
유카리	피가 살짝 나오긴 했지만 금방 멈췄어요.
미도리	피가 조금 났었구나.
케이타	응.
미도리	…아팠어?
케이타	(끄덕인다)

○ 55 전철 안

창 너머로 보이는 선로.

미도리 목소리	그렇구나. 다 같이 목욕탕에 들어가는구나.

케이타 목소리　　응. 좁았어. 우리 집 절반 정도…

나란히 앉아있는 미도리와 케이타.

　　　미도리　　그래-? …류세이 엄마는 어떤 사람이야?
　　　케이타　　처음에는 살짝 무서웠는데, 잘해줬어.
　　　미도리　　그랬구나…

불안해지는 미도리.

　　　미도리　　케이타… 우리 둘이서 어딘가 가버릴까?
　　　케이타　　어딘가라니?
　　　미도리　　머-언 곳.
　　　케이타　　먼 곳은 어디야?
　　　미도리　　아-무도 모르는 곳.
　　　케이타　　…아빠는?
　　　미도리　　아빠는… 아빠는 일이 있으니까…

○56 유다이의 집 / 복도 안쪽 ~ 거실

　　　유다이　　류세이 요 녀석! … 야마토도! 야마토 이놈!

밤. 목욕을 마친 류세이, 미유, 야마토를 쫓아다닌다.

　　　유다이 목소리　　(방 안에서 야마토를 붙잡고) …영차, 잡았다!

머리카락을 수건으로 말리고, 잠옷으로 갈아입힌다.

야단법석인 유다이와 유카리.

유카리	아직 젖어있는데? … 이리 와 이쪽, 이쪽으로 제대로 와… 이쪽으로 오라고, 안 닦였으니까.
류세이	이제 다 말랐다, 다 말랐다고.
유카리	젖어 있다고.
류세이	다 말랐다, 다 말랐다니까.
유카리	뒤쪽은 아직 젖어있다니까.
류세이	아얏… 얼굴!
유카리	잠깐만 이쪽으로 봐.
류세이	얼굴은 하지 마.
유카리	이쪽으로 제대로 돌려.

유카리는 류세이를 붙잡고 평소보다 세게 끌어안는다. 그 모습을 보고 있는 유다이.

유다이	좋았어, 그럼 모두 이만 잘까.

○57 료타의 맨션 / 리빙룸

료타가 집에 돌아와 있다. 목욕을 마친 케이타의 손바닥을 소독하고 반창고를 바꿔주는 미도리.

료타	도대체가, 애를 다치게 해놓고 미안하다는 말 한마디 없는 건 무슨 경우야?

료타는 화내고 있다.

미도리	그럼 같이 가지 그랬어. 지금 나한테 화낸들 무슨 소용이야. (손을 만지며) 밴드 에이드 붙여줄게.
케이타	류세이 집에서는 반창고라고 불러.
미도리	그렇구나… 다 됐다. 자, 아빠한테 안녕히 주무세요- 해야지.
케이타	안녕히 주무세요.
료타	잘 자렴.

케이타, 침실로.

미도리	파티는 성황이었어?
료타	아아… 카오루, 대학 들어가더니 남자친구가 생긴 모양이야. 본부장님 풀이 죽어 있더라고. (웃음)
미도리	다들 나에 대해서 뭐라고 하지 않았어?
료타	응?
미도리	엄마니까 그 정도쯤은 알아야 된다든지…
료타	아니. 딱히…
미도리	당신도 사실은 그렇게 생각하고 있는 거지?
료타	그런 생각 안 해.
미도리	거짓말. 내 탓이라 생각하고 있으면서…

케이타가 침실에서 돌아온다. 손에는 로봇 장난감을 들고 있다.

미도리	응?
케이타	다음에 류세이 집에 언제 가?
미도리	다음 토요일에.
케이타	이거 가지고 가도 돼?

미도리	응, 그래도 돼.
케이타	아저씨 굉장해. 뭐든 다 고칠 수 있어.
미도리	그래? 굉장하구나.

케이타를 응시하는 료타.

료타	그럼 저 고장 난 히터도 이참에 고쳐달라고 할까?

○58 같은 장소 / 침실

자막 – 4월

계절은 움직여서 봄.
입학식 준비. 새 교복을 케이타에게 입히고 있는 미도리.

미도리	엄마, 오늘 자고 갈 거야?
리코 목소리	내일 뜨개질 교실이 있으니까 돌아가야지. 게다가 이 방, 호텔 같아서 어쩐지 편치가 않아.

○59 같은 장소 / 리빙룸

새로 산 공부용 책상이 있다. 그 위에 한 번도 쓰지 않은 새 책가방. 리코가 축하하러 서둘러 왔다.

리코	전쟁 중에는 수양아들이나 양자가 얼마든지, 잔뜩 있었으니까… 낳은 정보다 키운 정이 더 크다고들 하지 않나.
료타	아직 그렇게 결정한 건 아니에요.

리코	하지만, 자네, 그쪽이랑 만나고 있다면서… 그건 그런 거 아닌가?
료타	(이야기를 끊으며) 그 이야기는,
리코	그래.
료타	둘이서 잘 의논해서 결정하겠습니다.
리코	저런, 미안하네. 늙은이가… 쓸데없는 참견을 해버렸나 봐.
료타	아닙니다. 귀중한 의견 새겨듣겠습니다. 감사합니다.
리코	그렇게 말해주니 고맙네.
료타	감사합니다.
미도리	다 됐어요.
료타	짠!
리코	(방에서 갈아입고 나온 케이타를 보고) 어이쿠, 멋있어라. 어느 나라에서 온 왕자님이신지? 사진 찍어둬야겠네.

벨소리 딩동 하며 벨이 울린다.

| 미도리 | 네에. |

모니터에 유다이의 모습이 비친다.

미도리	안녕하세요.
유다이	와버렸습니다.
미도리	(료타에게) 사이키 씨…

○60 같은 장소 / 현관

들어오는 유다이.

유다이	안녕하세요. 신칸센 비용이 나온다고 하길래.
미도리	들어오세요.
유다이	아, 그럼… 이거. (선물을 건넨다)
미도리	아, 뭘 이런 걸 다…
유다이	실례합니다.
유다이	이야, 이런 곳이구나… 류세이가 말하긴 했지만, 진짜 호텔 같네… 오오, 케이타. 어디 보자, 옥수로 멋있네, 어? 저 어디 있는 나라에 왕자님 아니가?
리코	처음 뵙겠습니다. 케이타의…
유다이	아, 할머님이세요? 처음 뵙겠습니다. …젊으시네요.
리코	어머… 치켜세워봤자 아무것도 안 나와요.
유다이	에이, 그럼 칭찬하지 말 걸 그랬네. (웃음)

료타보다도 리코와 친근하게 대화하는 유다이.

○61 벚꽃 가로수길

벚꽃이 피어있다.
사진을 찍으며 학교로 향하는 다섯 명. 유다이가 동영상을 찍고 있다.

리코	찍어드릴까요…?
유다이	아! 괜찮습니다.
미도리	여보, 사진 찍을래?
료타	그럴까, 그럼 …
유다이	어라? 케이타, 그거 뭐야? 케이타.
미도리	아, 고와라! 꽃잎.
유다이	뭔데? 보여줘, 보여줘.

케이타	꽃잎.
유다이	응?

케이타, 유다이의 카메라를 향해 꽃잎을 보여준다.

×　　×　　×　　×

다 함께 유다이의 카메라를 향해 손을 흔든다.
리코가 보다 못해 바꿔주려 한다.

리코	자, 자네도 이리 와서 찍어. 내가 찍어줄게요.
유다이	아니, 아니에요. 저는 이렇게 하면 들어가니까요. 이렇게 (라며 카메라를 돌려 셀카를 찍는다).
리코	그렇게 들어갈 수 있다고요? …신기해라.

○62 세이카 학원 초등부 / 1학년 2반 /교실

담임 선생님이 인사를 한 뒤 학생 한 명 한 명의 이름을 부른다.

교사	츠유키 마오, 츠유키 마오.
여자아이	네.

자리에 앉아 있는 케이타. 뒤에 나란히 서 있는 료타와 미도리, 리코. 유다이도 있다.

교사	노노미야 케이타.

케이타	네.
담임	야노 코코로.
여자아이	네.
유다이	신기한 일이죠?
료타	?
유다이	나는, 케이타의 얼굴을 보고 '류세이'라는 이름을 붙인 셈인데… 이젠 어딜 봐도 '케이타'의 얼굴이잖아요…
료타	……

○63 쇼핑몰 / 키즈파크 안

움직이게 된 케이타의 파란 로봇이 테이블 위에 빙글빙글 돌고 있다. 보고 있는 료타.

유다이 목소리   노노미야 씨. 료타 씨. 료타! 바톤 터치, 교대해줘…!

아이들과 놀고 있던 유다이가 볼풀의 그물 너머에서 부르고 있다. 료타는 '나는 안돼'라는 의미로 손을 흔들며 거절한다. 유카리, 미도리와 교대하고 돌아오는 유다이.

유다이	아이고… 마 인자는 안 되겠다, 안 되겠어. 죽겠다… 못 해도 마흔 전에는 몸을 만들어 놨어야 되는데… 체력이 안 된다…
료타	……
유다이	료타 씨는 나보다 젊으니까… 아이랑 같이 있는 시간을 좀 더 만드는 편이 좋아요.
료타	뭐… 다양한 부모 자식 관계가 있는 편이 좋은 거 아닐까요.

라며 센 척하는 료타.

유다이	목욕도 같이 안 한다면서요?
료타	우리 집은 뭐든 혼자서 할 수 있도록 하는 게 방침이라서요.
유다이	뭐, 방침이라면 어쩔 수 없지만… 그래도 그런 걸 귀찮아해서는 안 돼요.
료타	(아픈 곳을 찔렸다)
유다이	지난 반년 동안을 봐요. 케이타가 료타 씨와 함께 있었던 시간보다 나랑 있었던 시간이 더 많았다고요.
료타	시간만 중요한 건 아니라고 생각하는데요.
유다이	무슨 소릴 하는 거예요. 시간이라고요. 아이들에게는 시간.
료타	내가 아니면 안 되는 일이 있어서 말이죠.

유다이가 갑자기 진지한 표정을 짓는다.

유다이	아버지도 누가 대신해줄 수 없는 일이잖아.

불쾌한 료타. 지기 싫어하는 성격이건만 져버렸다.

○64 같은 장소 / 키즈파크 안 / 카페

입구 근처에 유다이와 료타가 있다. 엄마 둘은 다 먹은 음식들을 치우고 있다. 아이들은 아직 놀고 있다.

유다이	(아이들에게) 얘들아ー, 얼른 와, 놔두고 가버린다!
유카리	이젠 완전히 형제 같네.
미도리	그러게요.
유다이	그리고 저기, (점원에게) 테이크 아웃으로… 카츠카레 하나, 될까요?
점원	네, 잠시만 기다려주세요.
료타	?
유다이	아아… 집에 저 사람(유카리) 아버지가 밥을 못 먹고 기다리고 있어서…
료타	그렇군요…
유다이	반쯤 넋이 나가서, 아이로 돌아가 버렸어. 집에 애가 네 명 있는 셈이라니까요.
유카리	다섯 명이지, 애가 다섯 명. 나 혼자서 보기가 얼마나 힘든데.
유다이	…나도야?

다 함께 웃는 네 사람.

료타	(가벼운 태도로) 그럼 둘 다 우리 집에 보내지 않으시 겠습니까?
세 사람	……
유다이	뭐? 둘 다라니?
료타	케이타와… 류세이를요.
유다이	그거, 진심으로… 하는 말이야?
료타	네. 안 됩니까?

유다이는 료타의 머리를 갑자기 때린다.

유다이	무슨 말인가 했더니…
유카리	실례잖아요, 뭐 하자는 거예요?
료타	아니, 하지만 아이들의 행복을 생각한다면 말이죠,
유카리	우리 애가 불행하다는 말이야?
료타	돈이라면 목돈도 준비할 수 있습니다.
유다이	(멱살을 쥔다) 돈으로 살 수 있는 게 있고 못 사는 게 있는 거다… 니는, 돈으로 아이를 살 수 있나? 어?
료타	(뿌리치며) 저번에 성의는 돈으로 보여주는 거라 하지 않았습니까.

미도리가 사이에 들어온다.

미도리	죄송해요. 저희 남편 표현하는 게 좀… 애들도 보고 있고요. 그러니까…
료타	……
점원 목소리	카츠카레 주문하신 손님, 음식 준비되었습니다.
유다이	져본 적이 없는 놈은, 다른 사람의 기분 같은 건 정말 모르는군…

카츠카레를 받아 들고 계산하는 유다이. 받아들일 수 없는 료타.

〔4권 S#65 도로 휴게소 ~ S#83 피아노 발표회 · 객석〕
19분 05초 02프레임 / 1717FT10K

○65 도로 휴게소

자판기에서 세 사람이 마실 음료수를 사고 있는 케이타. 차 안에서 그걸 보고 있는 미도리.

미도리	어쩌려고 그래?
료타	뭘…
미도리	그런 장소에서 농담처럼 꺼내버리고… 믿을 수가 없어. 누구라도 화내지.
료타	조용히 좀 해봐, 지금 생각하고 있으니까.
미도리	이제 겨우 친해지기 시작했는데…
료타	어째서 내가 동네 전파상한테 그런 말을 들어야 하는 거냐고.
미도리	또 그런 소리 한다.

케이타가 돌아온다.

미도리	어서 와.
케이타	엄마는 카페오레.
미도리	응, 고마워.
케이타	아빠는 설탕 없는 거…
료타	응, 고마워.
케이타	엄마, 여기 잔돈.
미도리	고마워.
료타	……

○66 미도리의 친정

케이타와 리코, wii를 하며 놀고 있다.

리코	…그래 왔네 왔어! (쳤다) 그래, 넘어갔어. (케이타 친다) 오오, 잘하네 잘해… (결과는 아웃) 빗나갔구나. 케이타, 여기 선에서 벗어나서 안되나 봐. 가운데 들어가야 돼.

○67 법원 / 계단 위

료타와 미도리가 있다. 그 곁에 변호사 스즈모토.

스즈모토	미야자키라는 간호사 기억나?
료타	글쎄… (자기는?)
미도리	얼굴을 보면 알 수 있을지도…
료타	무슨 말도 안 되는 소리야.
스즈모토	뭐, 아마도 병원 측에서는 당시 근무상황에 과실이 있었던 건 아니라고 설명하려 할 거야.
료타	……

언제나처럼 뒤늦게 등장하는 유다이와 유카리.

유다이	나오기 전에 또 이 사람이… 다리미가 어쨌느니 하면서… (무언가 말하려 한다)
유카리	(유다이에게) 부탁이니까, 지금은 재미없는 농담 그만 둬.
미도리	요전에는… 죄송했습니다. (머리를 숙이며 료타를 본다)
료타	실례했습니다(라며 잠깐 머리를 숙인다).

유다이와 유카리도 어색하게 인사한다.

| 유다이 | 아아… 아뇨. 저희도 딱히… 뭐… |

○68 같은 장소 / 법정 안

세 명의 어머니, 미도리, 유카리, 그리고 원래 간호사였던 미야자키 쇼코 (32세)가 증인석에 나란히 서 있다.

세 명	선서. 양심에 따라 숨기거나 보태지 아니하고 사실 그 대로 말할 것을 맹세합니다.
유카리	사이키 유카리.
미도리	노노미야 미도리.
쇼코	미야자키 쇼코.

×　　×　　×　　×

미도리의 심문이 시작된다.

| 오리마 | 만약 병원 측의 실수였다고 해도 말이죠, 조금이라도 주의를 기울였다면 알 수 있지 않았을까요? 어머니잖아요. |
| 미도리 | 정상적인 상태라면 그럴 거라 생각합니다만, 출산 후 출혈도 심했고… 며칠 동안은 의식이 몽롱한 상태였기 때문에… |

×　　×　　×　　×

스즈모토	이후로는 문제없이 교환하는 방향으로 진행될 것 같습니까?
유카리	모르겠습니다. 교환한다고 해서 그 후에 잘 되어가리라는 보장도 없고… 우리 가족의 부담은 결코 일시적인 것에 그치지 않을 겁니다. 앞으로도 괴로움은 계속될 것 같습니다.

×　　×　　×　　×

오리마	당시 근무상황에 대해 여쭙겠습니다. 야근이 며칠간 계속되곤 했습니까?
쇼코	아뇨… 다른 병원에 비해 근무는 편했다고 생각합니다.
오리마	그렇다면 말이죠, 어째서 이런 사고가 일어났다고 생각하십니까?
쇼코	…사고는 아닙니다.
오리마	사고는 아니다… 무슨 뜻입니까?
쇼코	노노미야 씨의 가족이 행복해 보여서 일부러 저지른 일입니다.

방청석이 떠들썩해진다. 병원 관계자도 술렁인다.

×　　×　　×　　×

복도에서 아이가 둘, 소파에 앉아 재판이 끝나는 것을 기다리고 있다.

×　　×　　×　　×

쇼코	재혼한 지 얼마 되지 않아, 아이 키우기가 너무 힘들어서… 짜증과 불안을 다른 사람의 아기에게 쏟아버리고 말았습니다. 노노미야 씨는 가장 비싼 병실이었습니다. 남편분은 일류기업에 다니고, 기뻐해 주는 가족도 곁에 있고… 거기에 비하면… 저는…

나란히 듣고 있는 료타와 미도리.

료타	……
스즈모토	아이들을 바꿨을 때 어떤 기분이었습니까?
쇼코	솔직히 후련했다고 해야 할까요… 저만 불행한 건 아니라는 마음에…

유다이와 유카리, 분노에 치를 떤다.

스즈모토	어째서 지금… 그 일을 고백해야겠다고 생각하셨습니까?
쇼코	남편의 아이들도 지금은 저를 잘 따르고 있고… 그랬더니 제가 저지른 일이 점점 무서워졌습니다. 제대로 죗값을… 치르고 싶다고 생각하게 되었습니다. (뒤돌아보며) 정말로 큰 죄를 지었습니다. …죄송합니다.

료타, 잠자코 앉아있다. 움직일 수 없다.

○69 한산한 찻집

소파에 앉아 있는 료타, 미도리, 유카리. 유다이는 시나몬 토스트를 먹고 있다.

유카리	아이 키우는 게 힘들다고 이런 일을 겪게 하다니 참을 수가 없어.
유다이	맞아. 게다가 처음부터 상대방은 아이가 있다는 걸 알고 재혼한 거잖아?
유카리	후련했다니… 물건 훔치는 거랑 똑같다고 생각하는 거냐고.
유다이	모르는 거야. 자기가 저지른 죄의 무게를.
유카리	지금은 행복하게 지내고 있다니… 그렇게 이기적인 이야기가 어디 있어?
유다이	그래도, 그거는 있겠지. 이걸로 위자료는 당연히 올라가는 거 아니겠나.
유카리	그거야 그렇겠지… 당연히 그래야지.
유다이	그거 말이야, 스즈모토 씨한테 한 번 물어봐 줘요. (료타에게) 알겠지?
료타	아, 네…

말을 잃은 료타.
모두 공통의 '적'을 찾은 것으로 결속해 자기 안에 품고 있던 울분을 폭력적인 말들로 내뱉는다.

미도리	교도소에 넣을 수 있겠죠?
유카리	당연하죠.
유다이	5년이나 10년? 뭐, 그것도 짧은 거지만.
료타	그게… 벌써 시효가 끝났다는 것 같아요.
유다이	시효가!?
료타	스즈모토 말로는 '죄가 성립하려면 미성년자 약취유인 죄에 해당하는건데, 그게 5년'이래요.

미도리	이런 짓을 저질렀는데 사과하고 끝이라고? 농담하는 거야?
료타	목소리가 커…
유카리	이런 거… 이해할 수가 없잖아. 우린 앞으로도 계속 괴로울 텐데 그 여자만 시효가 지났다는 건…
미도리	(살짝 웃으며) 분명 시효가 지났다는 걸 알고 말한 거야, 그 여자… 당연히 그랬겠지. 난 평생 용서할 수 없어… 절대로…

일순 감정을 잃었던 미도리가 증오라는 감정을 얻고, 오히려 활기를 띤다.

| 료타 | …… |

○70 세이카 학원 초등부 / 교실

자막 - 6월

칠판에 '아버지에게 감사하다고 말하자! 아빠의 날 장미를 만들자'라는 글과 장미꽃 그림이 그려져 있다. 공작 시간.

선생님	맞았어요, 그렇게요.
학생	이렇게요?
교사	자, 여기를 보세요. 응, 메구미가 이렇게 가시를 만들었네요. 잘했어요.

케이타도 줄기에 가시를 붙이며 장미를 만들고 있다.

학생 목소리	선생님.
선생님 목소리	네. 맞아요, 잘했어요. 그렇게 하면 돼요. 이번에는 이 꽃을 붙여 볼까요?

○71 기찻길 옆길

_{빗소리} 료타와 그의 형 다이스케(45세)가 둘이서 나란히 걷고 있다. 다이스케는 아버지의 날 용 붉은 장미를 손에 들고 있다.

다이스케	혈압약을 먹고 있다고는 하는데 말이야.
료타	두 번째인가?
다이스케	세 번째.
료타	다행이네. 노부코 씨가 있어 줘서.
다이스케	그러게… 너 말이야, 같이 있을 때만이라도 '어머니'라고 불러드려.
료타	응? 그렇게 안 불렀던가… (부르지 않았다는 건 알고 있다)
다이스케	(쓴웃음) 그나저나… 아들이 만나고 싶다니. 아버지도 약해지셨네…
료타	딱 적당해지지 않았어? 조금 약해지는 편이 나아. 그런 거 (장미) 봤다간 울어버리는 거 아니야?

다이스케, 웃으며 꽃다발을 본다.

○72 료스케의 아파트

초밥 배달원	여기 거스름돈입니다.

노부코	네.
초밥 배달원	주문해주셔서 감사합니다. 그럼 이만 가보겠습니다.
노부코	수고하셨어요.

초밥 가게 배달원이 돌아간다.

아버지 료스케(70세)는 지금은 노부코(58세)와 둘이서 바깥에 계단이 있는 오래된 아파트에서 살고 있다. 한때 주식으로 위세가 등등했던 아버지는 망한 뒤 초라해졌다. 하지만 생각했던 것보다는 건강하다. 아무래도 두 아들을 만나기 위해 꾀병을 부린 모양이다.

노부코	이 근처에는 이런 가게밖에 없어서.

플라스틱 용기에 들어있는 배달용 초밥을 권하는 노부코.

료타	벌써 괜찮아지셨나 봐요, 병환은.
료스케	그렇게라도 말하지 않으면 오지를 않잖니.
료타	돈은 요전에 보내드린 게 마지막이라고 했잖아요.
료스케	돈은 있어… 요즘 미노와에서 건물 관리인 하고 있으니까. 이 사람도 아르바이트하고 있고.

방구석에는 아직 주식정보 잡지 등이 쌓여있다. 그 잡지를 손에 드는 료타.

료타	이제 그만하시죠. 이런 건…

잡지를 팔랑거리며 넘긴 뒤 아무렇게나 던진다.

다이스케	료타! (그만둬)

라며 형이 동생을 타이른다.

노부코　　　　다이스케, 연어알 좋아하지? 자, 사양 말고 들럼.

그렇게 말하고 부엌으로 가는 노부코.

다이스케　　　어휴… 먹고 싶은 마음은 굴뚝같은데, 요즘 요산 조절
　　　　　　　을 해야 해서… 뭐, 오늘은 괜찮으려나(하며 한 입 먹
　　　　　　　는다). 으음! 젠장, 어째서 달걀은 이렇게 맛있는 거야.

_{피아노}
_{을게 연습}　형제가 둘 다 달걀을 좋아한다. 마당 건너편 한 채의 집에서 피아노 소리가
　　　　들려온다.

다이스케　　　경마 어떻게 됐어요?
료스케　　　　응…
다이스케　　　표정 보니 아주 크게 진 모양이네요?

노부코가 차를 내오는 것을 도우러 부엌으로 가는 다이스케.

다이스케　　　어머니도 참 보는 눈 없으시다. 이렇게 고생하시는 걸
　　　　　　　보면.
료타 목소리　말을 잘못 고른 거죠.
_{피아노}
_{귀여운 꽃}[1]　료스케　　　（힐끗 료타를 본다）
노부코　　　　나도 도박에는 재능이 없으니까.
다이스케　　　그럼 난 어머니를 닮았나 보다. （웃음）
노부코　　　　（웃음） 뭐… 어쩔 수 없나 봐. 부부니까…

---

1. 부르크뮐러 25번 연습곡 10번 곡. 영화 자막에는 '상냥한 꽃' 이지만 국내 정식 번역된 곡명은 '귀여운 꽃' 이다.

료타	그렇게 고생 안 하셔도 될 텐데… 이래서는 간병인이랑 다를 게 없잖아요.

차를 들고 온 노부코가 료스케의 옆에 앉는다.

노부코	간병인이라면 시급 1000엔은 받아야지(라며 밝게).
료스케	바보 같은 소릴. 그래선 나보다 비싸게 받는 셈이잖아. (피아노 소리가 나는 곳을 보며) 3년이나 치고 있으면 서 내내 '귀여운 꽃' 뿐이야. 시끄러워서 낮잠도 못 자.
다이스케	들리겠어요.
료스케	들으라고 하는 소리야.

관절이 아픈지 아버지는 계속 오른쪽 무릎을 문지르고 있다.
약을 손에 들고 마신다.

료스케	그래서… 만났니?
료타	…
료스케	네 진짜 자식 말이다.
료타	…만났어요.
료스케	닮았더냐, 너랑.
료타	……
료스케	닮았겠지. 그런 거야, 부모 자식이라는 건. 떨어져서 산 다고 해도 닮아가는 거다.
다이스케	(아버지를 보며 농담처럼) 네에? 아니었으면 좋겠는 데. 그치? (라고 료타에게)
료타	(웃을 수 없다)

료스케	잘 들어라… 결국엔 피야. 사람도 말도 마찬가지로 피가 중요한 거야. 이제부터 점점 그 아이는 너를 닮아갈 거다. 케이타는 반대로 점점 그쪽 부모를 닮아가겠지… 빨리 아이들을 교환하고 두 번 다시 그쪽 가족과는 만나지 말아야 해.
료타	……그렇게 간단하게 될 일이 아니에요.

○73 같은 장소 / 바깥

방을 나와 나란히 걷는 료스케와 다이스케.

다이스케	거기… 미끄러우니까 조심하세요.
료스케	나도 다 보여. 일일이 시끄럽네. 네가 내 마누라냐?
다이스케	친절하게 말씀드리는 거잖아요. 미움받아요, 그런 말 하면.
료타	벌써 미움받고 있어.

뒤따라 걸어가는 료타와 노부코.

노부코	아버지가 말은 저렇게 했지만 말이다, 피 같은 거 이어져 있지 않아도 함께 살다 보면 정도 들고 닮아 가기도 하고… 부부도 그렇잖아. 부모 자식도 그런 거 아닐까?
료타	…
노부코	난 말이다, 그런 마음으로 너희를 키웠거든-
료타	……

나란히 두 사람을 배웅하는 료스케와 노부코.

노부코	또 놀러 오렴. 다이스케, 마나미의 패치워크 또 보러 갈게.
다이스케	기다리고 있을게요. 그럼 갈게요.
료스케	다음에 올 때는 꽃 말고 술을 가져오너라.

웃으며 손을 드는 다이스케, 질려하는 료타.

○74 료타의 맨션 (밤)

케이타가
치는
피아노

케이타가 피아노 연습을 하고 있다. '떴다 떴다 비행기'.
집으로 돌아온 료타가 미도리와 이야기하고 있다.

미도리	그래도 아버님, 다행이네.
료타	완전히 속았어. 무리해서 일도 뺐는데…
미도리	무슨 말씀 하셨어? 케이타에 대해서…
료타	아니, 별로…
미도리	케이타. 아빠 오셨어.
케이타 목소리	어서 오세요.
료타	다녀왔어.

료타의 얼굴이 그려져 있는 그림과 직접 만든 붉은 장미가 두 개 테이블에
놓여져 있다.

료타	(손에 든다)
미도리	아빠의 날이라고 학교에서 만들었대.
료타	(장미를 손에 들고) 케이타, 고마워.
케이타	그건 류세이네 아빠한테 줄 거야.
료타	…

케이타	로봇 고쳐줬으니까…
료타	…… 그렇구나. 케이타는 정말 착하네. (칭찬이 아니다)

케이타가
치는
피아노

○75 유다이의 집 / 츠타야 가게

주차장에서 놀고 있는 아이들과 유다이. 가게 안에서 유리창 너머로 지켜보고 있는 료타와 두 어머니.

유카리 목소리	이대로 있을 수는 없는 걸까요. 전부 없었던 일로 하고…
료타	앞으로 점점 케이타는 사이키 씨 가족과 닮아 갈 겁니다. 반대로 류세이는… 점점 우리와 닮아 가겠죠.

아버지에게 들었던 이야기를 반복하는 료타.

료타	그래도 피가 이어져 있지 않은 아이를… 지금까지처럼 사랑 할 수 있습니까?
유카리	사랑할 수 있어요, 물론이죠. 닮았다거나 닮지 않았다거나 그런 것에 집착하는 건 아이와 연결되어 있다는 실감을 못하는 남자뿐이에요.

(유카리는 류세이를 이미 충분히 사랑하고 있기 때문에 괴롭다)

료타	뒤로 미루면 미룰수록 쓸데없이 괴로워지기만 할 겁니다. 우리도… 아이들도…
미도리	……

M8 1분 33초 (골드베르크 변주곡 ~ 아리아)

77

○76 같은 장소 / 바깥 / 이튿날

미유   이거 하고 (손에 든 바람개비) 이러고 놀 거야.

자전거로 외출하는 유카리. 마중하는 케이타와 야마토, 미유.

유카리   그럼 케이타, 두 사람을 부탁할게.
케이타   응.
유카리   좋아, 다녀올게.
아이들   다녀오세요.

○77 도시락 가게

점심시간 아르바이트를 하는 유카리.

유카리   김 크로켓 도시락 나왔습니다.

동생들을 데리고 유리창 너머를 보고 있는 케이타. 유카리와 눈이 마주친다.

유카리 목소리   400엔입니다.

○78 길

유카리에게서 도시락을 받고 걸어서 돌아가는 세 명.

유카리   자, 케이타 도시락에는 닭튀김 하나 더 넣었어. 그럼 조심해서 돌아가야 해.

| 아이들 | 네에. 바이바이. |

돌아보는 케이타에게 유카리가 윙크한다. 케이타도 윙크. 세 사람을 배웅하고 일하러 돌아가는 유카리.

○79 유다이의 집 / 뒷마당

시트를 땅바닥 위에 깔고 낮잠을 자는 유다이, 케이타, 미유, 야마토. 주변에는 다 먹은 닭튀김 도시락.

| 유다이 | 여름이 되면 말이다, 여기서 불꽃놀이도 하고, 수영장도 만들어서 들어가고… 그리고 수박 깨기도 하자. 케이타도 같이 하는 거야. |
| 케이타 | 응… |

○80 료타의 맨션 / 복도

집에 돌아온 료타. 열쇠로 현관문을 연다.

| 미도리 목소리 | 그렇구나… |

○81 같은 장소 / 리빙룸

불도 켜지 않고 리빙룸에 홀로 덩그러니 앉아있는 미도리. 손에는 뜨개바늘을 하나 들고 누군가와 통화를 하고 있다.

| 미도리 | 웃긴다. |

료타	다녀왔어.

아무래도 상대는 유카리인 듯하다.

미도리	앗, 집에 왔나 봐. …도움이 됐어. 응, 고마워, 또 봐. (라며 핸드폰을 끊는다)

불을 켜는 료타.

미도리	어서 와.
료타	류세이는?
미도리	응… 목욕.
료타	그래…
미도리	아… 벌써 시간이 이렇게 됐네… (라고 말하지만 일어나지 않는다)
료타	미안해, 당신한테만 맡겨놔서. 내일은 어떻게든 비워뒀으니까…
미도리	새삼스레. 지금까지 계속 그래왔으니까 괜찮아요.

라며 아내는 료타를 따끔하게 찌른다.

료타	…누구랑 이야기한 거야?
미도리	유카리 씨… (드물게도 즐거운 듯) 유다이 씨가 말이야, 50(살)이 넘으면 서핑 가게를 열고 싶다고 했다는데… 사실은 서핑을 못 한대, 아하하하. (웃음)
료타	거리를 조금 두는 편이 좋지 않겠어?

뜨개바늘로 바닥을 찌르는 소리	미도리	엄마끼리 여러 가지 정보를 교환해야만 하는 거야. 당 신은 모르겠지만…
	료타	……

○82 피아노 발표회 회장

케이타가
치는 피아노
떴다 떴다
비행기

틀려가며 치고 있는 케이타. 듣고 있는 료타와 미도리.

○83 같은 장소 / 객석

피아노
서정
소곡집
제1권 :
요정의 춤

세 사람이 나란히 다른 아이의 발표를 듣고 있다.
연주가 끝나고 객석에서 박수가 쏟아진다.

케이타	잘한다, 그치? (라며 미도리에게)
미도리	그러네.

라며 박수를 보낸다. 케이타를 보는 료타.

료타	케이타는 분하지 않아? 좀 더 잘 치고 싶다는 마음이 안 들면 계속해도 의미가 없어.

케이타는 그저 아빠가 기뻐하는 얼굴을 보고 싶었을 뿐인데.

장내 방송	감사합니다. 다음은 오다 란 씨의 '간식시간'입니다.
미도리	모두가 당신처럼 열심히 할 수 있는 건 아니야.
료타	열심히 하는 게 잘못된 것처럼 들리네.

미도리	열심히 하고 싶어도 그럴 수 없는 사람도 있다는 거야. 케이타는 분명 날 닮은 거야…
료타	……

〔5권 S#84 료타의 맨션 · 밤 ~ S#98 료타의 맨션 · 리빙룸〕
17분 05초 09프레임 / 1538FT01K

○84 료타의 맨션 / 정경 / 밤

○85 같은 장소 / 리빙룸

케이타는 잔다. 미도리가 침실에서 나온다.

료타	잠들었어?

리빙룸에 있는 두 사람. 심각하다.

미도리	당신이 말한 대로 했는데, 결국 케이타를 보내줘야 하는구나. 자기한테 맡겨두라고 말했으면서. 거짓말쟁이.
료타	나도 계산 못했던 일이었어.
미도리	당신은 처음부터 정해놓았던 거야. 케이타와 지낸 6년 보다 혈연을 선택하기로…
료타	그런 게 아니라니까…
미도리	당신, 케이타가 우리 아이가 아니라는 걸 알았을 때 뭐라고 했는지 기억해?
료타	(말을 끊으며) 기억하고 있어. 왜 몰랐었냐고… 그때는, 미안했어.

일어서서 미도리 쪽으로 다가가는 료타. 그걸 뿌리치려고 창가로 가는 미도리.

미도리	틀렸어. 그게 아니야. 당신은 이렇게 말했어. '역시 그런 거였어'라고… '역시'래… '역시'라니 무슨 의미야?…… 당신은 케이타가 당신만큼 똑똑하지 않다는게 처음부터 믿겨지지 않았던 거잖아. 그 한마디만은… 나는 평생 잊을 수 없어.
료타	……

반론하지 못하는 료타.

○86 같은 장소 / 침실

침대 위에서 눈을 뜨고 있는 케이타.

○87 공원

케이타	간다.
료타	응.
케이타	(회전무대를 돌리며) 하나…
료타	굉장한데.
케이타	둘… 셋…

뛰어서 올라타는 케이타.

료타	오오, 대단해.

케이타와 료타는 회전무대에 앉아 있다.
료타는 케이타의 사진을 찍는다.

> **료타**　　　　자, 찍는다, 하나, 둘.
>
> **케이타**　　　나도 줘 봐.
>
> **료타**　　　　응.

케이타, 카메라를 받아든다.

> **료타**　　　　(케이타에게 카메라의 위치를 가르쳐준다) 여기로 찍
> 는 거야.

케이타, 료타의 사진을 찍는다.

> **료타**　　　　그 카메라, 케이타한테 줄게.

고개를 젓는 케이타.

> **료타**　　　　어째서? 필요 없어?
>
> **케이타**　　　응, 필요 없어.
>
> **료타**　　　　…그래?

○88 료타의 맨션 / 다이닝룸

케이타와의 마지막 밤. 미도리가 만든 닭튀김을 셋이서 먹는다.

료타	잘 들어, 케이타. 그쪽 집에 가면… 아저씨랑 아줌마를 아빠랑 엄마라고 부르는 거야. 외로워져도 울거나 전화하면 안돼. 약속이야.
케이타	…미션이야?
료타	응, 미션이야.
케이타	언제까지?
료타	안 정해졌어. 케이타는 어째서 이런 미션을 하는 걸까 생각하겠지만, 10년 지나면 분명 알게 될 거야.
케이타	류세이 집에서도 피아노 쳐?
료타	마음대로 해도 돼.
미도리	케이타가 계속하고 싶으면 계속해. 엄마가 이야기해 둘 테니까.

케이타의 손을 닦아주는 미도리.

료타	……

○89 같은 장소 / 리빙룸

피아노 위와 책상에 장식된 사진들을 집어 드는 미도리. 벽에 걸려있는 케이타의 손 모형을 들어 손을 겹쳐본다. 초등학교 교복을 갠다. 미도리는 6년분의 앨범을 정리하며 케이타에게 들려 보낼 사진을 고른다.
슈트 케이스의 뚜껑을 닫는 미도리. 그 뒷모습.

○90 같은 장소 / 침실

자는 케이타의 얼굴을 물끄러미 보는 미도리. 케이타의 얼굴에 손을 대본다.

○91 같은 장소 / 서재

<small>시계 바늘 소리</small> 혼자 앉아 있는 료타.

○92 강

두 가족, 8명이 놀러와 있다. 바비큐 세트 등은 유다이가 차로 가지고 왔다.
놀고 있는 아이들을 보며 이야기 나누고 있는 어른들.

유다이 　여기서 연날리기는 못 하겠어. 은어를 지켜야 한다나 봐.
　　　　새가 못 오게 하려고 이렇게 줄을 막 늘어뜨려 놨어.

연날리기를 하며 놀고 있는 아이들. 유다이는 료타가 있는 곳으로 간다.

유다이 　어허, 안 돼. 류세이! 우리가 어렸을 때는… 아, 뭐 내
　　　　가 조금 더 많긴 하지만… 아버지가 말이지, 대오리랑
　　　　창호지로 만들어줘서, 신문을 잘라서 가늘게 꼬리를 만
　　　　들어 붙이고… 요즘 건 쉽게 날아오르니까 재미없지만,
　　　　그때 건 제대로 올라가지 않았잖아.

료타 　　우리 아버지는… 아이들하고 같이 연날리기를 하는 사
　　　　람이 아니었어요.

유다이 　그래도… 그런 것까지 아부지 흉내 안 내도 되는 거 아
　　　　니가.

료타 　　……

유다이 　…류세이랑은 잘 놀아줘.

료타 　　…네. (쓴웃음)

×　　　×　　　×　　　×

열차가 아이들 앞을 지나간다.

　　　미유　　　　전철 왔다.

보는 아이들.

　　　류세이　　　전철, 통과! 통과!

×　　　×　　　×　　　×

두 엄마가 이야기하고 있다.

　　　유카리　　　저래 보여도, 겁이 많아. 밤에 혼자서 화장실 가는 걸
　　　　　　　　　싫어해서 항상 내가 따라갔었는데, 동생이 생기고 나서
　　　　　　　　　는 갑자기 형 노릇을 하려 드는 거야. 야마토가 기저귀
　　　　　　　　　를 떼고 화장실에 갈 수 있게 되면 자기가 데리고 가준
　　　　　　　　　다며, 기운 넘치게 말하더라.
　　　미도리　　　케이타도 줄곧… 동생이 있었으면 좋겠다고 말했었어.
　　　　　　　　　하지만 나는… 더 낳을 수가 없거든… 그래서 이렇게라
　　　　　　　　　도 형제가 생겨서… 틀림없이 기뻐할 거야.

두 엄마는 각자 아이와의 가장 소중한 추억을 이야기하며 기억을 공유한다.
유카리가 미도리를 끌어안는다. (유카리는 안아주는 사람이다)

×　　　×　　　×　　　×

케이타와 료타, 나란히 강을 보고 있다.

료타	케이타… 저쪽 집에 가도 아무 걱정할 것 없어. 류세이네 엄마 아빠도 케이타를 너무 좋아한다고 말했으니까…
케이타	아빠보다?
료타	…아빠보다.
케이타	……

유다이가 온다.

유다이 목소리	그러면… 다 같이 사진 찍을까?
료타	네.
유다이	이리 와.

케이타, 유다이 쪽으로 걸어간다. 바라보는 료타.

×　　×　　×　　×

나란히 서 있는 아이들과 유카리, 미도리. 미도리는 케이타의 기울어진 고개를 바로 잡아준다.

미도리	이쪽인가?

카메라 준비를 하는 료타와 유다이.

유다이	웃어.
료타	네?

유다이	다 같이 웃자고.
료타	…네.
유다이	그럼, 찍는다! 하나, 둘, 셋!

두 대의 카메라 타이머를 맞춰두고 유다이와 료타가 달려서 돌아간다.

| 유다이 | (야마토를 일으켜서) 자아, 야마토… 하하하하하하. |

라며 커다란 목소리를 내서 웃는다.

료타	하하하하…
류세이	뭐가 웃긴 거야?
유다이	뭐가 웃긴 거야?
류세이	하나도 안 웃겨.
유다이	하나도 안 웃긴데.

셔터 소리가 나고 스톱모션. 단체 사진의 굳어있는 웃는 얼굴이 천천히 Fade Out.

~FO~

| 류세이 목소리 | 빨대는 깨물지 않는다. |

○93 료타의 맨션 / 리빙룸

밤. 류세이를 위해 새롭게 준비한 식기와 옷이 늘어져 있다.
미도리는 류세이의 사진을 방 안에 두러 간다.
료타가 종이에 적은 '규칙'을 소리 내어 읽는 류세이.

| 류세이 | …영어 연습을 매일 한다. …변기는 앉아서 쓴다. 목욕은 혼자서 조용하게 한다. 게임은 하루에 30분. 아빠와 엄마라고 부른다. 어째서…? 아빠 아니잖아. 아빠 아닌데. |
| 료타 | 앞으로는 아저씨가 아빠야. |

어리둥절한 류세이.

류세이	어째서?
료타	어쨌든 간에.
류세이	어째서?
료타	그리고, 그쪽 집을… 그럼 이렇게 하자. 아빠와 엄마는 그 집에 있어. 지금까지처럼.
류세이	응.
료타	아저씨랑 아줌마를…
류세이	응.
료타	…아버지, 어머니라고 불러줄래?
류세이	어째서?
료타	어째서든 간에.
류세이	어째서든 간에,의 어째서를 모르겠어.
료타	이러면서 알게 될 거야.
류세이	어째서?
료타	어째서든 간에.
류세이	어째서든은 어째서?
료타	어째서일까…
류세이	어째서?
료타	…… 이, 닦을까?

○94 같은 장소 / 세면실

세면대에서 칫솔을 손에 들고 거울을 향해 있는 류세이.
중얼중얼 말해가며 발판을 써서 거울에 무언가를 하고 있다.

×　　×　　×　　×

료타, 거울 앞에 서서 한숨을 내쉰다. 거울에는 치약으로 그려진 로봇 낙서.

○95 유다이의 집

고개를 숙이고 앉아 있는 케이타. 다가오는 유카리.

　　유카리　　어라? 무슨 일이야? 응? …아, 고장 나버렸나? (케이
　　　　　　　타를 일으켜 세우며) 좋았어, 그럼 아줌마가 수리해줘
　　　　　　　야지.

유다이가 로봇을 수리하듯 케이타의 배 부분을 여는 흉내를 내는 유카리.

　　유카리　　찰칵… 슈욱-, 지잉- 지잉-, 여기인가?

몸 여기저기를 쿡쿡 찌르는 유카리. 웃는 케이타.

　　유카리　　어때… 고쳐졌어?
　　케이타　　(끄덕인다)

유카리는 그런 케이타를 안아준다. 케이타는 유카리의 등에 팔을 감는다.

~FO~

○96 미사키 건설 / 회의실

자막 - 8월

우에야마에게 불려 간 료타는 부서 이동을 공지 받는다.
우에야마의 손에는 료타 가족의 '아기가 뒤바뀐 사건'이 게재된 주간지.

료타	기술연구소라니… 우쓰노미야로 가라는 말입니까?
우에야마	그래.
료타	어째서 제가 갑니까? 노하라가 가면 될 텐데요.
우에야마	뭐 그렇지. 하지만 자네도 재판이 걸려 있고.
료타	착각하지 말아 주세요. 저는 소송당한 게 아니잖습니까.
우에야마	그런 것쯤은 알고 있다네. 다만… 자네는 줄곧 가속 페달만 밟아 왔어. 슬슬 브레이크가 필요할 때가 된 거야.
료타	부장님도 가속 페달만 밟아서 여기까지 오신 거잖아요.
우에야마	시대가 달라졌어, 시대가…
료타	……
우에야마	뭐… 가끔은 가족 곁에 있어 주게나.
료타	……

○97 료타의 맨션 / 리빙룸

밤. 미도리와 류세이 두 사람만의 식사. 류세이가 즐거운 듯 컵라면에 관해
이야기하고 있다.

류세이	…파란색도 있고, 빨간색도 있어.
미도리	그래-? 그중에서 어느 게 좋아?
류세이	그중에서, 빨강.
미도리	그렇구나, 빨간색이 간장 맛이지? 아닌가?
류세이	몰라.

휴대폰 벨 소리 웃는 미도리의 앞치마 주머니에서 휴대폰이 울리고, 미도리가 받는다.

| 미도리 | 여보세요? …… |

상대방은 케이타. 미도리의 표정이 바뀐다.

| 류세이 | …… 응? |

일어서서 침실로 장소를 이동하는 미도리.

| 미도리 | 응… 응… 아빠 아직 안 왔으니까 비밀로 해 줄게… |

문닫는 소리 류세이는 그 대화를 복잡한 표정으로 듣고 있다. (질투)

○98 같은 장소 / 료타의 서재

밤. 류세이가 그린 그림을 손에 들고 있는 료타.

료타	어째서 이런 그림을 그린 거야. 어머니가 보고 울었어.
류세이	……
료타	…똑바로 사과했어? 응?

류세이	……
료타	… (한숨) 그만 됐다, 이제 자렴… 들어가…

류세이 조용히 떠난다.

료타	안녕히 주무세요는?
류세이	(돌아와서) 안녕히 주무세요.

그림이 료타의 손에 남아있다. 그 그림의 엄마와 아빠는 명백하게 유다이와 유카리다.

〔6권 S#99 공원 ~ S#117 료타의 맨션 · 침실〕
13분 57초 09프레임 / 1256FT01K

○ 99 공원

오도카니 혼자 있는 미도리.

○ 100 료타의 맨션 / 리빙룸

난폭하게 전자 피아노를 치는 류세이. 들어와서 응시하는 료타.

료타	시끄러워… 조용히 해.

멈추지 않고 치는 류세이.

료타	…그만하라고 말했다!

료타는 큰 소리를 낸다. 돌아보는 류세이. 료타에게 일부러 부딪히며 리빙룸을 나가 화장실로 도망간다. 한숨을 쉬는 료타, 피아노에 다가가 집게손가락으로 쳐본다. 그 뒷모습.

○101 같은 장소 / 서재 (며칠 후)

일부러 고장 낸 장난감을 들고 료타의 서재로 오는 류세이.

료타	이거, 이제 못쓰니까 어머니한테 새것 사달라고 해.
류세이	그럼, 집에 가면 아빠한테 고쳐달라고 해야지.

그렇게 말하고 나가려는 류세이.

료타	류세이… 이제 그쪽 집에는 가지 않아. 류세이는 계속 여기서 사는 거야. 아저씨가 진짜 아빠야.
류세이	……
료타	줘 보렴.

지기 싫어하는 성격. 다시 한번 더 고쳐보려 한다. 보고 있는 류세이.

○102 같은 장소 / 리빙룸

이튿날 아침. 소파에서 눈을 뜬 료타. 엉덩이 밑에서 아빠의 날 케이타가 만든 장미꽃의 줄기만 나온다. 그 줄기를 손에 든 료타. 꽃을 찾아보지만 보이지 않는다.

○103 미사키 건설 / 기술연구소 / 응접실

오렌지색의 작업복을 입은 사원이 눈에 띄는, 천장이 뚫려있는 넓은 사무실. 그 한 모퉁이에 있는 유리로 만들어진 응접실. 블라인드를 내리고 있는 료타. 변호사 스즈모토가 오고 있다.

> **스즈모토**   모처럼 이겼다는 소식을 가지고 왔건만… 기뻐 보이지 않네.
>
> **료타**   난 이긴 게 아니야.

료타는 갑자기 늙어버린 것처럼 보인다.

> **스즈모토**   뭐… 소송에 명확한 승자라는 건 없는 법이니까.
>
> **료타**   내가 말하는 건 그런 게 아니야.
>
> **스즈모토**   너답지 않은 모습이긴 하지만, 어쩐지 좋아질 것 같은데?
>
> **료타**   너한테 사랑받아도 기쁘지 않아.
>
> **스즈모토**   누군가에게 사랑받고 싶은 거야? 점점 더 너답지 않은데. (웃음) 아아, 잊어버릴 뻔했네. …이거(라며 봉투를 팔랑거린다).

스즈모토는 봉투를 책상 위에 둔다.

> **료타**   ?
>
> **스즈모토**   그 간호사가 병원 위자료와는 별도로… 뭐, 자기 나름의 성의 표시겠지. 할 수 있는 최대한의.

그 봉투를 손에 드는 료타.

○104 쇼코의 아파트

밤. 벨을 누르는 료타.

벨소리

쇼코 목소리	그런 일로 싸우는 거 아니야.
여자아이 목소리	그렇게 먹으면 돼지 된다고!
남자아이(테루오) 목소리	시끄러-

안에서 쇼코가 나온다.

쇼코	네에……
여자아이 목소리	(오빠) 너무 먹었어, 아빠 먹을 게 없어지잖아!
료타	안녕하세요.
쇼코	…… 안녕하세요…

안을 신경 쓰며 문을 닫는 쇼코.

료타	(돈을 돌려주며) 이거… 돌려드리겠습니다. 성, 의, 라고요.
쇼코	(작게 끄덕이며) …죄송했습니다.
료타	당신 때문에… 우리 가족은 엉망진창이에요.

테루오가 문을 열고 나와 쇼코와 료타 사이에 서서 쇼코를 감싸려 한다.

쇼코	테루오… (고개를 젓는다)
료타	너와는 상관없는 일이잖니.
테루오	상관있어요. 우리 엄마니까.
쇼코	…

료타   ……

료타는 자신의 행위가 부끄러워져 '장하네'라고 말하듯 테루오의 어깨를
두드리고 돌아간다.

○105 길

밤. 혼자 터벅터벅 걷는 료타.

○106 료타의 맨션 지하주차장

차 안에서 생각하고 있는 료타. 휴대폰을 손에 들고 전화를 건다.

<u>호출음</u>

노부코 목소리	여보세요, 노노미야입니다.
료타	… 료타예요.
노부코 목소리	어머… 료타, 저번에 고마웠어.
료타	뭘요. 저기,
노부코 목소리	응? 아, 아버지 바꿔줄까?
료타	아뇨… 사과드리려고…
노부코 목소리	…뭐니, 애. 심각한 이야기는 싫다.
료타	옛날에요…
노부코 목소리	됐어, 옛날이야기는. 벌써 다 잊었는걸. 너랑은 좀 더 시시한 이야기가 하고 싶어. 그런 거 있잖니, 누가 가발이라더라, 누가 성형했다더라. 그런 이야기 말이야. (웃음)
료타	그렇군요.

| 노부코 목소리 | (아버지가 무어라 이야기한다) 아버지 '술 떨어졌어'라신다. |
| 료타 | 네, 알겠어요… 알겠어요. |

○107 미사키 건설 / 기술연구소

핀셋으로 씨앗을 일정한 간격을 두고 젤라틴에 심고 있다. 클로즈업.
그 식물을 손에 든 료타. 흥미 없다.

| 다치바나 | 옥상 녹화 연간 수도사용량은 빗물 사용으로 제법 줄어들고 있습니다. 식물에 주는 관수와 수변 지역에 들어가는 보급수를 합해도… 약 42.6세제곱 미터로… |

옥상 녹화에 의한 광열비 삭감의 실험 보고를 받는 료타.

| 료타 | …… |

×   ×   ×   ×

<u>매미소리가
울려퍼진다</u> 창밖의 잡목림 속에 작업복을 입고 쌍안경을 손에 든 야마베 신이치(38세)가 있다. 보고 있는 료타.

○108 같은 장소 / 기술연구소 / 바이오토프

<u>매미소리</u> 매미의 울음소리. 료타가 온다.

| 야마베 | 저도 원래는 당신과 같은 건축가였어요. |

잡목림 안을 걷는 두 사람.

> 야마베　　　　(걸으며) 이 숲, 연구를 위해서 인공적으로 만든 거예요.

료타는 그 인공의 숲속에서 매미의 빈 껍질을 발견한다.

> 료타　　　　이건… 여기서 태어났나요?
> 야마베　　　　네(끄덕이며). 밖에서 날아 들어오는 건 그렇게 어려운
> 　　　　　　일은 아니죠. 하지만 매미가 이곳에서 알을 낳고, 유충
> 　　　　　　이 땅에서 나와 부화하게 되기까지는 15년이 걸렸습니다.
> 료타　　　　그렇게나…
> 야마베　　　　긴 것 같나요…?

야마베, 살짝 웃는다.

> 료타　　　　……

입구의 숲을 올려다보는 료타.

○109 료타의 맨션 / 리빙룸

베란다의 창문으로 밖을 보는 류세이. 어딘가의 공원에서 높이 올라와 있는 연. 세탁물을 개던 미도리가 졸고 있는 틈을 타 슬쩍 집을 나서는 류세이.

○110 역 / 개찰구

둘러보고 있는 류세이. 한 어른의 뒤에 따라붙어 개찰구 안으로 들어가는

류세이. 인파에 섞여버린다.

○111 공원

저녁. 찾고 있는 미도리.

○112 계단

내려오는 미도리. 휴대폰으로 연락이 온다.

> **미도리**　　　…네. (힘이 빠지며) 네…?

○113 유다이의 집 / 방

가게 문 소리　**료타 목소리**　　죄송합니다. 노노미야입니다. 죄송합니다, 늦은 시간에…
　　　　　　유다이 목소리　아아, 어서 와요.

다다미 위에서 류세이와 블록을 가지고 놀고 있던 케이타. 현관에서 들려오는 료타의 목소리에 표정이 반짝 빛나며 달려간다.

> **유다이 목소리**　그게 말이지… 연날리기가 하고 싶어졌대.
> **료타 목소리**　　연날리기?
> **유카리 목소리**　모르는 어른이랑 같이 개찰구를 빠져나온 모양이라…

아빠가 데리러 온 것은 자신이 아니라 류세이라는 것을 눈치채고 표정을 잃은 케이타. 방으로 돌아가 벽장 속으로 숨어 들어간다.

유다이 목소리	그런 부분만은 정말 묘하게 똑똑해서…
료타 목소리	칭찬해서 어쩌자는 겁니까?

○114 같은 장소 / 현관

료타	분명하게 혼내 주셔야죠.
유카리	그럼 밥도 먹이지 말고 내쫓으라는 말이에요? 그럴 수 있을리 없잖아요.
료타	그건 이해합니다만…
유다이	뭐… 거기서 잘 못 지내는 것 같으면 일단 여기 돌아와 있어도 되는데.
유카리	그래요. 우리는 케이타와 류세이 둘 다 데리고 있어도 전혀 문제없으니까요.

입장이 완전히 역전.

료타	…… 괜찮습니다. 제가 어떻게든 해볼 겁니다. 류세이! 류세이! 집에 가자.

○115 길

밤. 달리는 차. 운전석에 있는 료타.

료타	…… 우리를 그렇게 금방 아버지, 어머니라고 부르지 않아도 괜찮아.

뒤에 앉아 줄곧 창밖을 보고 있는 류세이.

류세이   ······

○116 유다이의 집 / 목욕탕

유다이와 케이타, 야마토가 목욕탕에 들어가 있다. 한발 먼저 목욕을 마친
미유의 머리카락을 말리고 있는 유카리가 말한다.

유카리   놀지 말고 빨리 나와.
유다이/야마토 목소리   네에.

케이타는 유다이의 곁에서 잠자코 있다.

유다이   응? 케이타!

그걸 보고 욕조의 물을 입에 머금는 유다이. 케이타에게 가슴을 손으로 누르
라는 제스처. 누르는 것에 맞춰 입에 머금은 물을 케이타의 얼굴에 뿜는다.
웃는 케이타. 케이타는 끼얹어진 물을 손으로 닦으며 살짝 미소 짓는다.

○117 료타의 맨션 / 침실

밤. 류세이는 잠들었다. 한숨 놓은 미도리는 류세이의 머리카락을 만진다.

미도리   이렇게(눈을 감고) 만지면… 똑같은데… 당신이랑.
료타   나도 가출한 적 있어. 엄마를 만나고 싶어서… 바로 아
               버지에게 붙잡혀서 돌아와야 했지만…
미도리   ······

○118 료타의 맨션 / 리빙룸

청소하고 있는 미도리. 그 모습을 몰래 보고 있는 류세이, 장난감 총을 준비한다. 눈치챈 미도리는 청소기 총으로 대응하며 류세이를 쏜다.

미도리　　　두두두두두두두…

웃는 류세이.

○119 같은 장소 / 서재

캠핑 준비를 하고 있는 료타. 인터넷을 보며 텐트를 조사하고 있다.

료타　　　（작은 목소리로 중얼거린다）…공기를 빼며 정리하는 법. 좌우로…

리빙룸에서 류세이와 미도리의 즐거워하는 목소리가 들려온다. 류세이는 '두두두두…'하며 다시 총을 쏴서 미도리를 쓰러뜨린 것 같다.

미도리 목소리　　당했다.
류세이　　　다음은 아버지!

그 한마디를 듣고 준비 태세를 갖추는 료타. 어떻게 할까 생각한 끝에, 서서 걸려있던 기타를 들고 총처럼 조준하고 있다. 문이 열리고 류세이가 보인 순간에 료타   팡…!

하고 먼저 쏜다. 쓰러지는 류세이. 음악 들어간다.

류세이   오- 마이 갓!

미도리, 다가온다.

미도리   류세이, 류세이…! 괜찮아? 류세이… 류세이!

일어선 류세이가 '팡'하며 료타를 쏜다.

료타   윽.

하고 호들갑스럽게 쓰러진다. 이번에는 미도리와 류세이가 료타에게 달려
들어 도와주려 한다.

미도리   여보… 괜찮아? 여보!

쓰러진 료타에게 달려든 미도리와 류세이. 료타의 배를 간지럽힌다.

료타   잠깐… 그만둬!

재밌어서 웃는다. 료타 일어선다. 셋이서 총싸움.

류세이   피슝! 피슝! 피슝!
료타   팡! 팡! 팡!

미도리	팡팡!
류세이	피슝!

료타, 류세이의 총알을 피하는 움직임.

○120 같은 장소 / 리빙룸

새 옷으로 경쟁하듯 갈아입는 세 사람.

미도리	아직 이기고 있어, 아직 이기고 있어… (다 갈아입고) 좋았어, 다 됐다!
류세이	(다 갈아입었다) 앗싸―

×   ×   ×   ×

류세이가 베란다에 있는 료타와 미도리에게 길쭉한 막대기를 가지고 와서 건넨다.

미도리	찾았어?
료타	괜찮아?
류세이	(미도리에게 건네며) 제일 작은 거.
미도리	작은 거.
류세이	(료타에게 건넨다) 여기.
료타	고마워. 좋았어, 간다, 하나, 둘.

나란히 서서 낚시 흉내를 내는 세 사람. 류세이의 막대기가 료타의 머리를 찌른다.

료타	아얏.
류세이	(웃음)
미도리	(웃음) 아빠를 낚았어.
료타	제대로 저쪽을 향해서 해야지.
미도리	아빠를 잡았어.
류세이	(웃음)
료타	간다, 류세이.
료타/미도리	하나, 둘—
료타	챙! 파칭! 파칭!
미도리	왜? 왜 그러는 건데? (웃음)

낚시 흉내를 내기로 했으면서 료타와 류세이의 칼싸움이 되고 말았다.

×   ×   ×   ×

텐트에 폴을 넣는 료타 가족.

료타	영차, 영차…

세 명이 텐트를 들어 올려 펼친다.

미도리	세운다!
료타	… 하나, 둘! … 좋았어.

펼쳐진 텐트로 리빙룸이 가득 찬다.

×   ×   ×   ×

그 텐트 안에서 떠들썩한 세 사람. 료타와 미도리가 류세이에게 무언가 하고 있는 듯하다.

류세이	하지 마, 그만해.
미도리	에잇, 에잇.
료타	하하하. (웃음)
류세이	아파아ー (아픔)

료타와 미도리의 웃음소리. 텐트가 흔들린다.

×　　×　　×　　×

밤. 마루에 누워 밤하늘을 올려다보는 세 사람.

류세이	게자리, 전갈자리… 쌍둥이자리.
미도리	전갈자리.
류세이	사수자리.
미도리	천칭자리.
료타	물병자리… 처녀자리.
미도리	아, 별똥별이다! 소원 빌어!

세 사람, 눈을 감고 소원을 빈다.

미도리	류세이, 무슨 소원 빌었어?
류세이	아빠랑 엄마 있는 곳으로 돌아가고 싶다고…
미도리	류세이…

미도리, 몸을 일으켜 류세이를 본다. 류세이, 얼굴을 가린다.

류세이	죄송해요…
료타	(류세이의 머리를 쓰다듬으며) 괜찮아… 그래도 괜찮아.
류세이	……

○121 같은 장소 / 베란다

미도리가 혼자 서있다.

료타	왜 그래?

말을 거는 료타.

미도리	류세이가 사랑스러워지기 시작했어…
료타	그런데… 그게 왜?
미도리	하지만… 케이타에게 미안해서… 그 아이를 배신하는 것만 같아서… 케이타도 지금쯤…

구급차 사이렌 료타, 미도리의 등을 어루만져준다.
베란다의 두 사람.

○122 같은 장소 / 리빙룸

이튿날 아침. 료타의 손에는 카메라. 텐트 안에 있는 두 사람을 찍는다. 소파에 앉아 어제 찍은 사진을 보며 살짝 미소 짓는다. 화면을 되돌려 가며, 지난날 8명이 함께 찍었던 기념사진을 본다. 사진 속 케이타와 료타는 똑같이 목을 오른쪽으로 기울인 채 웃고 있다. 혈연을 넘어 6년 사이 닮아버린 아빠와 아들.

그 전의 사진을 본다. 케이타가 찍었던 료타의 사진이 차례차례 나오기 시작한다. 일을 하는 뒷모습. 자는 얼굴. 눈치채지 못한 사이에 케이타가 찍었던 자신의 사진. 료타의 얼굴이 일그러진다.

    미도리 목소리   아침밥 어떻게 할래?

끝내 참지 못하는 료타. 그것을 보는 미도리.

    미도리   밥 먹을까…?

료타의 눈에서 눈물이 흘러내린다.

○123 길

료타의 차가 유다이의 집으로 향하고 있다.

○124 유다이의 집 / 즈타야 상점

문 앞에 류세이를 데려온 료타와 미도리가 서 있다. 가게 앞에 케이타와 유다이. 순간 당황해 시선을 돌리는 케이타.

    유다이   오오, 어서 와. 전구 필요한 거야? 와트 수 얼마짜리?
                        (웃음)
    류세이   나 왔어.

유카리가 달려 나와 류세이를 끌어안는다.

유다이 목소리	오호, 어서 오렴.
유카리 목소리	류세이, 잘 지냈어?
료타	케이타.

케이타, 달려 나가 버린다.

| 미도리 | 케이타! |
| 료타 | 케이타! |

료타 달려 나간다.

○125 유다이의 집 / 뒷마당

뒤쪽 출구로 도망치는 케이타. 쫓아가는 료타.

○126 상점가

앞서 걸어가는 케이타. 잠자코 쫓아가는 료타.

○127 다리

건너가는 두 사람.

○128 가로수길

| 료타 | 케이타. 미안해. 아빠가, 케이타가 보고 싶어져서… 약속을 못 지키고 만나러 와버렸어. |

돌아보지 않고 걸어가는 케이타.

케이타	아빠 따위 아빠 아냐.
료타	그렇지? 그런데… 6년 동안, 6년 동안은 아빠였어. 잘 하진 못했지만… 아빠였었어.

케이타, 걷는다. 간격을 벌리고 나란히 걷는 두 사람.

료타	장미꽃, 잃어버려서 미안해… 미안해… 카메라… 카메라로 아빠 사진도 잔뜩 찍어줬지? …… 피아노도 말이야, 아빠도 피아노 하다가 중간에 그만뒀어. 그러니까… 이제는, 이제 미션 같은 건 그만하자!

두 사람의 길이 하나로 합쳐진다. 료타는 케이타를 끌어안는다.

○129 유다이의 집 / 바깥

집 앞에서 기다리고 있는 류세이, 미도리, 유다이 무리. 류세이가 반대편 길에 있는 케이타와 료타를 발견한다.

류세이	저기 온다.

류세이와 미도리가 달려 나가 두 사람과 합류한다.

미도리 목소리	어서 와.

유카리와 유다이가 있는 곳으로 달려서 돌아오는 류세이.

야마토　　　　어서 와!

아이들이 류세이를 껴안는다.
집 밖에 나와 두 사람을 기다리고 있던 가족들과 세 사람이 합류한다. 야마
토가 케이타에게 다가가 꼭 껴안는다. 미소 지으며 만나는 가족들.

유다이　　　　안으로. (들어갈래?) ……
료타　　　　　네.

유다이와 유카리가 재촉해 모두 가게 안으로 들어간다.

유카리　　　　안으로 들어가자.
유다이　　　　좋았어, 들어가자.

료타와 가게로 들어가는 케이타.

케이타　　　　(료타에게) 스파이더맨이 거미라는 거 알고 있었어?
료타　　　　　아니, 처음 들었어.

누가 누구의 자식이고, 누가 누구의 부모인지 더는 분간되지 않는 8명이었
다.

엔딩 크레딧

(끝)

そして父になる

完成稿 全7巻
2時間00分49秒09コマ 10874FT01K

監督・脚本 是枝裕和

GAGA

FUJI TV MOVIES

○1　成華学院初等部 / 面接室

T － 十一月

<u>ノック</u>　ノックされる音。

<u>入ってくる音</u>　**教頭の声**　　どうぞ

　　　　　　　　良多の声　　失礼します

　　　　　　　　校長の声　　どうぞ、お座り下さい

2012年11月。面接官（校長・教頭）が良多たちの資料を手にしている。資料に貼られた3人の家族写真。

　　　　　　　教頭　　　　（慶多に）では、お名前と年齢と誕生日を教えて下さい

　　　　　　　慶多　　　　野々宮慶多です。6才です。誕生日は7月28日です

この物語の主人公野々宮良多（42）とその家族、妻のみどり（29）、ひとり息子の慶多（6）の3人が並んで座っている。

校長	慶多くんはお父様お母様、どちらに似てらっしゃいますか？
良多	穏やかで他人に対して優しいところは妻に似ていると思います
教頭	短所は何だと考えられていますか？
良多	これも同じことなんですが、少しおっとりした性格でして、負けてもあまり悔しがらないところが父親としては少々物足りなさを感じています
教頭	慶多くんの好きな季節はなんですか？
慶多	夏です
教頭	今年の夏には何をしましたか？
慶多	お父さんとキャンプへ行って凧揚げをしました

良多、微笑んでいる。

| 校長 | お父さんは凧揚げお上手ですか？ |
| 慶多 | とても上手です |

笑顔で頷く良多。

○2 同 / 体育館

ゼッケンを胸につけたこどもたちが3つのグループに分かれビニール袋をふくらませている。紙で作った足や羽をこのビニール袋にセロテープでつけて空飛ぶ「生き物」を作っている。

T － 福山雅治

T － 尾野真千子

T － 真木よう子

T － リリー・フランキー

T － 監督・脚本　是枝裕和

その様子を観察している試験官たち。こどもたちの中にいる慶多。

T － そして父になる

○3 同 / 2 階ロビー

良多がガラス越しに表を見ている。
スーツ姿のその背中。ソファに座っていた妻のみどりがその背中に声
を掛ける。

　　　みどり　　　変わった？

振り向く良多。

　　　良多　　　…ずい分儲かってんじゃないか。（あごで表を指し
　　　　　　　　て）グラウンドにあんな照明なんかなかったし
　　　みどり　　　ちょっと…（周りを気にする）

良多、ケイタイを出して時間を確認。
こどもたちが「パパー、ママー」と試験会場から戻ってくる。慶多も
みどりのもとへ走ってくる。

慶多	ただいまー
みどり	おかえり
職員	お父様、お母様方、本日は以上になります。お気を つけてお帰り下さい。
良多・みどり・ 父兄たち	（笑顔で）ありがとうございました
みどり	楽しかった？
慶多	うん

良多、慶多に近づいて

良多	（不機嫌）慶多、パパとキャンプになんか行ったこと なかったよな
慶多	うん
良多	どうしてあんなこと言ったんだ？
慶多	塾の先生がそう言ってって
良多	ふーん、大したもんだなお受験塾ってのは（と、ち ょっと嫌みっぽく）
みどり	（小声で）『お母さんの作ったオムライスです』もち ゃんと言えたしねぇ…

3人は連れだって階段を降り、玄関へ向かう。

みどり	楽しかった？
慶多	うん
みどり	風船作ったの？
慶多	うん、かわいいお化け
みどり	かわいいお化け作ったの？

M2 29秒

122

慶多	うん、ビニール袋に……

○4 三嵜建設 / エレベーター / 中

乗っている良多。

○5 同 / エレベーター前

エレベーターから降りた良多は建築設計本部の上司、上山（55）とバッタリ出喰わす。

良多	おお
上山	おうっとっと見付かっちゃったな…
良多	珍しいですね。土曜日に
上山	お前が来る前に帰ろうと思ってたんだけどな（奥を指差して）良く出来てるじゃないかCG
良多	あ…3回も直させましたから
上山	（肩を叩いて）任せるよ。邪魔者はさっさと退散しますよ
良多	あ、すぐ終わりますから、この間の店、行きませんか？
上山	あ、悪いな。これから銀座で女房と映画だ。優秀な部下持つと上司は家族サービスで大忙しなんだよ

上山は笑いながら手を振って帰って行く。
頭を下げる良多。ふたりの間には世代を越えた信頼関係がある。

上山	…頼むよ
良多	お疲れ様でした

○6 同 / オフィス

大きなオフィス（大手ゼネコン）。そこに置かれた模型のビルや壁に飾られた橋やダムの写真パネル。そこには日本を作ってきた自負が感じられる。良多を囲んでスタッフたちがプレゼンの準備をしている。新宿駅前の大掛かりな再開発プロジェクト。

<blockquote>

良多　　　こっちが南で、こっちが北だよな

野原　　　はい…太陽はこうですね（と動きを示す）

良多　　　じゃあ、ここの公園にさ、家族連れ、もう少し増やしといて

一條　　　犬連れてたり

良多　　　あーいいじゃん。アットホームな感じもう少しプラスして

</blockquote>

松下波留奈（36）が出前のメニューを手にやって来る。

<blockquote>

波留奈　　みんな、リーダー（良多）のおごりで夕飯頼むけど何にする？

</blockquote>

「おおー」と盛り上がる部下たち。

<blockquote>

波留奈　　ピザか釜飯か…

</blockquote>

○7 良多のマンション / 台所

慶多は脳トレのゲームをしている。みどりは晩ご飯を作りながら、母と電話で話している。

家電話着信音

みどり	うん……うん……私は公立でも構わないと思ってるんだけど、後で苦労するより今頑張っといた方がって良多さんが……うん…。うん……（家の電話が鳴る）あ、電話だ。じゃ切るね
慶多	パパだ
みどり	うん、チーおばちゃんのことはまた近くなったら相談してよ

慶多が電話に出る。

慶多	もしもし（父でないので黙る）
みどり	はい……じゃあまたね（電話を切る）……パパ？　晩ごはんどうするのって（聞いて）

○8 夜の街

良多のマンションが見える。帰って行く車。

○9 良多のマンション / 地下駐車場

入って来る良多の車。
車から降りて、オートロックの扉を開けてマンションの廊下を歩いていく良多。

M3 37秒

○ 10 同 / 玄関 〜 リビング

<u>TVゲームの音</u>

帰宅する良多。

みどり　　　もっと遅くなるかと思ってた…

迎えに出たパジャマ姿の慶多は上着をイスに掛けると、wiiをして遊び始める。

みどり　　　試験も一段落したし、今日は（いいかなと思って…）

良多　　　　うん……お、今日もうピアノやっちゃった？

良多　　　　お前がそんなんでどうすんだよ…こういうのは一日
　　　　　　休むとな……

みどり　　　3日かかるんだよね、取り戻すのに（何度も言われて
　　　　　　いる）。じゃ、慶多、はい、ピアノやろうか

慶多　　　　うん

みどり　　　はい、じゃあ頑張ろう

慶多、ゲームを辞めて、ピアノを始める。

みどり　　　ごはん食べて来たんでしょ？お風呂沸いてるけど？

良多　　　　ピザひと切れだけ

みどり　　　えーメールくれればいいのに

良多　　　　何かある？

<u>慶多ピアノ弾く</u>
<u>チューリップ</u>　　みどり　　　（困った声を出しながらもみどりはかいがいしく良多
　　　　　　の世話をやく）おうどんならすぐ作れるけど。三村
　　　　　　さんが香川から送ってくれた

ネクタイや時計を外しながら良多がみどりに言う。

　　　　良多　　　　うん、じゃあいただこうかな。硬めで、お願いしま
　　　　　　　　　す、硬めで

みどりは台所へ。

　　　　みどり　　　もう失敗しませーん…あ、夜は玉子ダメだからね。
　　　　　　　　　コレステロール高いんだから
　　　　良多　　　　いいじゃないか、一個くらい。なぁ慶多
　　　　慶多　　　　バツ！

両手でバツ印を出す慶多。ガクッとしてみせる良多。

　　　　良多　　　　どうしてバツなんだ？

立ち上がりピアノに近づくと、一緒に弾く良多と慶多。ネギを切りな
がら、微笑ましく見るみどり。

　　　　良多の声　　　もう一回やってみようか、せーの

○11　良多のマンション / 寝室〜リビング

寝室のみどりとリビングの良多のやりとり。寝入った慶多の手元から
絵本をそっと取り、片付けるみどり。

　　　　みどり　　　新しい仕事うまくいってるのかしら三村さん

良多	（興味ない）なんとかやってるだろ。あいつにはもともと田舎のほうが合ってたんだよ
みどり	冷たいんだから。あんなに可愛がってたのに
良多	辞めた（負けた）やつのことまで心配してられるか
みどり	すみませんでしたねぇ、辞めたやつで

みどり、寝室を出て台所へ。良多のコーヒーの準備を始める。風呂上がりにソファーで仕事の書類など広げて読んでいる良多。

良多	寝た？
みどり	うん…やっぱり緊張して疲れたみたいよ
良多	まあ、やるだけことはやったから…あとは慶多の頑張り次第だろ
みどり	頑張ってますよ。パパみたいになりたいって
良多	（仕事の書類に目を落とす）
みどり	最近ちょっとしっかりしてきたでしょ
良多	そうか？
みどり	大地くんに『やめて』って言えるようになったみたいよ
良多	ならいいけど。今の時代、やさしすぎるのは損だからな…
みどり	面接の時は長所だって言ったくせに…たまには誉めてあげてよ
良多	ふたりで甘やかしてどうすんだ…

そう言い残して良多は資料を手に書斎へ。

○12　同／書斎

みどり　　　　（ドアの外で）コンコン（と声で）
良多　　　　　うん

みどりがコーヒーを持って部屋に入ってくる。
部屋の隅にギターが1本。良多は読んでいた書類をファイルに片付け
ている。

みどり　　　　今日は忙しいのにありがとね。慶多も喜んでた
良多　　　　　日曜くらい一緒にいてやれるといいんだけどさ。
　　　　　　　ま、このプロジェクトが終わったら、少しは時間出
　　　　　　　来るから…
みどり　　　　この6年ずっと同じこと言ってますけど
良多　　　　　そうか…？
みどり　　　　そうですよー。……あ、そうだ。今日前橋の病院か
　　　　　　　ら電話があったの…
良多　　　　　病院？
みどり　　　　うん、ほら…慶多産んだ…
良多　　　　　あぁ…何だって？
みどり　　　　なんか…話したいことがあるんだって…
良多　　　　　何？
みどり　　　　会った時話すって…なんだろう…（ちょっと不安に
　　　　　　　なる）
良多　　　　　……うーん。面倒なことじゃなきゃいいんだけどな

◯13 都内のホテル / 屋内（廊下）

ロビーには結婚式を控えた家族らが数名、礼服に身を包んで行き交っている。和やかな笑い声。

◯14 同 / 会議室

ロビーからの笑い声（人声）

向き合って座る良多夫婦と病院事務部長の秋山恵蔵。
その隣りに弁護士の織間忠治（55）。
出されたコーヒーが手つかずのまま冷えきっている。みどりの座っている椅子の脇には秋山が手みやげに持って来たのだろう、「旅がらす」の紙袋がポツンと置かれている。

良多	取り違えって…そんなの僕たちが生まれた頃の話ですよね…

表情を失っているみどり。

織間	えぇ。ほとんどの事故が昭和40年代に起きてます…
秋山	うちの病院でも当時の事故を教訓にして赤ちゃんの名前をマジックで足の裏に書くのは昭和44年からやめにしてます
良多	何でこんなことが今さら……それで、その…相手方のご夫婦の男の子は…
秋山	はい…小学校入学の為の血液検査がご両親と一致しなくて…
良多	うちは血液型は問題ありません。なあ

130

みどり	確かなんでしょうか…
一同	……
みどり	ほんとうに慶多は…私たちの子じゃないんでしょうか…
秋山	同じ時期に入院されていた男のお子さまが3人おられまして、とりあえず正式にはDNA鑑定をさせていただいて…それから
良多	……

○15 良多のマンション / ダイニング

お祝いの食事。用意されたケーキのロウソクに火が灯される。

3人	あと2本…あと2本、あと1本……あと1本……
良多・みどり	せーの。慶多、合格おめでとう
良多	いいよ
みどり	どうぞ

一見幸せそうな3人。慶多、ロウソクの火を吹き消す。暗くなった部屋で拍手をするみどりと良多。

みどり	おー、上手
良多	すごい

×　　×　　×　　×

慶多、サラダを食べる。

慶多　　　トマトおいしい…
　　　みどり　　　おいしい？さすがだね、おお、大きい口

×　　　×　　　×　　　×

　　　みどり　　　じゃあ海老フライ。海老フライー

みどり、海老フライを手にポーズをとり、写真を撮る慶多。

　　　良多　　　撮れた？見てみよう
　　　みどり　　　撮れた？

カメラの画面を良多に見せる慶多。

　　　良多　　　お、上手
　　　みどり　　　上手だね

×　　　×　　　×　　　×

　　　みどり　　　せーの……

みどりは慶多の写真を撮る。

　　　みどり　　　いいですよ。……見る？
　　　慶多　　　うん

画面を確認する慶多。

良多	どう？
みどり	コレ押すんでしょう？
慶多	あのね、ここ押したらまた戻るんだよ
みどり	あほんとだ。じゃあまた撮れるね。撮る？
慶多	ここ押してね……

慶多を見つめる良多。

○16 同 / 寝室

ベッドに3人並んで寝転がっている。楽しそうにじゃれ合う3人。
慶多がふたりと手を繋ぎ、良多とみどりの手の甲をすり合わせて「なかよし」をする。

慶多	なかよし……
みどり	なかよしー
慶多	なかよし……なかよし

○17 DNA研究所 / 通路

数日後。3人、エレベーターに乗る。
無機質な空間の中を歩く良多たち3人。状況を知らない慶多は楽しそうだ。

○18 同 / 室内

不安そうなみどりの手を握ってやる良多。

　　　　検査員　　　　口開けてくれる？

DNA検査を受ける慶多。カメラのフラッシュがたかれる。

○19　織間 / 峰総合法律事務所（古いビル）

エレベーターのない古いビル。雨に濡れた傘を手にした良多とみどり
が、らせん階段を昇っていく。

　　　　良多の声　　　　『資料1野々宮良多』『資料2野々宮みどり』と

○20　同 / 応接室

弁護士に手渡された鑑定書を読む良多とみどり。

　　　　良多の声　　　　『資料3野々宮慶多』は"生物学的親子でない"と鑑定
　　　　　　　　　　　　し、結論する

○21　踏み切り

良多の車が停まっている。電車が近づいてくる。黙ったままのふた
り。突然良多が窓ガラスを思い切り叩く。ビクッとなるみどり。

　　　　良多　　　　やっぱりそういうことか…

泣いていたみどりはその良多の一言に驚いて視線を向ける。その視線
に気付かない良多。目の前を電車が通過していく。

良多の声　　だから…

○22 良多のマンション / リビング

良多　　　　言ったんだよ…あんな田舎の病院で大丈夫なのかっ
　　　　　　て…

良多はみどりを責める口調になる。

みどり　　　でも…私もあそこだったし…うちは兄姉もみんな…
良多　　　　だからってさ…
みどり　　　良多さん忙しくて…私心細かったから、お母さん通
　　　　　　えるほうがいいと思ったのよ…
良多　　　　（ため息）
みどり　　　（写真を見比べて）でも何で気付かなかったんだろ
　　　　　　う…私…母親なのに…

○23 高速道路

首都高を北へ走る良多の車（主観）。

○24 前橋中央総合病院 / 会議室

並んで待っている良多とみどり。テーブルの上に並べられた名刺。廊
下を歩いて来る足音が聞こえる。良多は時計を見た。15分遅刻だ。

秋山の声　　ええこちらの応接室へ

M5 33秒

雄大の声	……15分
ゆかりの声	だから昨日ガソリン入れとけって言ったのにもう
雄大の声	バカお前俺じゃなくて……
秋山	いらっしゃいました
雄大	（汗をふきながら）あ、すいません…すいませんお待たせしちゃって…
ゆかり	すいません
雄大	いやもうこいつ（ゆかり）が出がけになってからそのセーターじゃどうなんだとかもういろいろ言い出すから…

病院関係者の秋山に連れられて目の前に登場した夫婦は、地元で小さな電気屋を営む典型的なブルーカラー。夫の斎木雄大（46）は着ている服のセンスも悪く（一応ジャケットをはおっている）、良多とは全く住む世界の違う男である。妻のゆかりは一見気の強そうな美人。

ゆかり	あ、こんにちは
織間	こちら斎木さん
雄大	あ、どうも。何が何なんか…寝耳に水で
ゆかり	家内です。ゆかりと言います
織間	こちらが…
良多	野々宮です

と自分から名乗る良多。

良多	で、妻のみどりです

みどり、言葉に出来ずお辞儀だけする。

×　　　×　　　×　　　×

良多とみどりの前に置かれる一枚の写真。
みどりもバッグから慶多の写真を取り出して並べて置く。受験用に写真館で撮ったものだ。

ゆかり　　琉晴^{りゅうせい}です

みどり　　慶多です

院内
アナウンス

写真はケイタイのカメラで撮ったものを紙焼きにしたもの。プールで遊んでいる琉晴。健康的に日に焼けた肌と白い歯がまぶしい。慶多とは真逆だ。

雄大　　　これ…今年の夏。サンピア行った時。な

ゆかり　　ちょっともっとハッキリ映ってんのなかったの？

雄大の
携帯電話から
子供たちの
笑い声

雄大　　　あ、じゃあ…（ケイタイの動画を見せて）これは？
　　　　　これ、これどこやっけ？

ゆかり　　(画面を見て) 烏川^{からすがわ}

雄大　　　あー、カラス。ここはまだヤマメとかイワナがいっぱいおってな…。これ。これ、この真ん中の…今、水鉄砲、これやってるのが琉晴です…

覗き込む良多とみどり。

ゆかり　　(相手に) 誕生日は？

137

みどり	7月28日
ゆかり	あ、同じだ。会ってたんですかね…私たち、ここで
みどり	（首ひねって）お産のあと私体調崩しちゃって…寝たきりだったから
雄大	あの日はいい天気でね。沖縄の夏みたいだなってこいつと話して、それで琉球の琉に晴れで…琉晴って
秋山	とにかくこういうケースは最終的には100%ご両親は『交換』という選択肢を選びます。お子さんの将来を考えたらご決断は早い方が良いと思います。出来れば小学校にあがる前に…
みどり	突然そんなこと言われても…
ゆかり	4月って…だってあと半年もないじゃないですか
雄大	犬や猫ならともかく…
ゆかり	犬や猫だって無理よ
雄大	せや、犬や猫でもフツーは無理ですよ。（雄大の発言に主体性はない。主導権は若い妻が握っている。）それに…そういう話を持ち出す前に…おたくら何かすること（お金）あるんちゃうんですか？
秋山	ええ…ですから今、弁護士の織間先生とも相談してまして…
織間	ええ……（頭を下げる）親御さんのお気持ちとしては、それはもうごもっともなんですけれども、ここはまず何よりもふたりのお子さんの将来を考えてですね…

聞いている良多。

○25 同／表

並んで頭を下げる病院関係者を背後に気にしながら歩き出す4人。

良多	一度会いませんか…家族だけで
雄大	そうですねえ…慶多くんにも会ってみたいし

それぞれの車に乗り込む。

[2巻目　S#26みどりの実家・玄関〜S#47良多のマンション・ダイニング]
19分48秒13K／1782FT13K

○26 みどりの実家／表

車ロック
される音　午後。良多の車が到着する。里子が玄関まで迎えに出る。

里子	ああ、遅かったじゃない
良多	どうもすみません
里子	いいのよ

○27 同／玄関

里子	で、どうだったの？むこうの…どんな人？
良多	（ただの）電気屋でした
里子	あぁ、電気屋さん……
良多	はい
里子	ささ…

と、ふたりを中へ招き入れる。

良多	あ、お義母さん…あのこれ（と包みを差し出して） さっき渡しそびれちゃって…
里子	まあ嬉しい『とらや』じゃない（ちょっと揺すっ て）…あ、これ、この重さは『羊かん』かしらね

とはしゃぐ。

良多	あたりです
みどり	やだお母さん。羊かんぐらいでみっともない
里子	ぐらいなんて言ったら怒るわよあんた寅が、ぐわー って
みどり	慶多は？

奥で寝てるわよ、という仕草をする母。

里子	うん、寝てる。もう、さんざんwiiしてさ（とテニス のラケットを振る仕草）もう…アタシ明日、筋肉痛 だわ

○28 同／寝室

ふたりは慶多の寝顔を見に行く。部屋の隅に古いミシンや、編み機が
置かれている。みどりは母から手編みを教わったことがわかる。
慶多の寝顔を見るみどりはまた泣きそうになる。

○29 同 / 仏間

置いてあったティッシュで鼻をかみ、涙を拭うみどり。里子はもらった羊かんを合格通知の隣に供えて仏壇に手を合わせ、娘に話しかける。

> 里子　　今だから言うんだけどさ…慶多のこと見たお隣の、
> 　　　　山下さんのおばあちゃん『どっちにも似てないね
> 　　　　ぇ…』って。あれは…あれは確か…… 一昨年だった
> 　　　　かねぇ…ねぇ

みどりも並んで線香に火をつける。

> 里子　　（良多のほうをチラと見て）良多さんは…うちとはつ
> 　　　　り合いがとれないくらいあれなんだろうけど…
> 里子　　あんたたちのこと良く思ってない人が世間にたくさ
> 　　　　んいるのよ。そういう……そういう気がさ…
> みどり　やめてよ…別に誰かに恨まれてこうなったわけじゃ
> 　　　　ないんだから

里子はみどりの背中をさする。

> 里子　　あぁ……もう…ねぇ……

○30 大手不動産会社 / コンペ会場

計画のプレゼン中。その中心にいる上山と良多。波留奈がクライアントに流暢に説明している。

波留奈　　　ここに、新宿駅西口再開発の中心となる『新宿ザ・スパイラルタワー』を自信を持ってご提案致します…（以下オフ）今回のテーマである緑地空間とオフィスの共存、都心にいながらも癒しを得られる空間作りに取り組みました。スーパークオリティーとアーバンコンフォートの融合。その発想を形にした、開放的で快適な螺旋状のスパイラルフロア。ここで働く人のみならず、集う人、憩う人、全ての人に心地よいインパクトを与えます。このスパイラルフロアとガラスで構成された中心のオフィスタワー。新たに生まれ変わる……

室内の灯が消え大きなモニターにCGが映し出される。良多と上山はささやき合う。

上山　　　　しかしとんだ災難だったなぁ…
良多　　　　でも仕事には支障をきたさないようにしますから
上山　　　　そんなことよりどうするんだよ？交換するのか
良多　　　　いやぁ…まだそこまでは…
上山　　　　どうせだったら両方とも引き取っちゃえよ
良多　　　　両方？ですか…（考える）
上山　　　　ああ。いいアイディアだろ…
良多　　　　……（考える）

○31 ショッピングモール / 花の広場

ふた組の家族ははじめてこどもを連れて会うことになる。地方都市の
ショッピングモール。クリスマスの音楽と飾り付けがされている。慶
多はひとりで遊んでいる。雄大たちはまた遅刻だ。

みどり	（ため息）
良多	どうした？会いたくないの？俺たちの子に…
みどり	そういうわけじゃないけど…なんか…このままだと 病院が言った通りになりそうで
良多	大丈夫だって。俺に任せとけ…

走ってやって来る雄大たち。ゆかりは美結（4）と大和（3）の手をひ
いている。大和は歩きながら名前を言う練習をしている。

大和	やまとです…やまとです…やまとです…
雄大	すいません……すいません…出かけになってこいつ がもたもたしよって
琉晴	こんにちは。斎木琉晴です
大和	（琉晴の自己紹介とダブって）やま……

大和と美結も順番に挨拶をする。

大和	大和です
美結	美結です

慶多は恥ずかしがってモジモジしてしまう。

↓

良多	ほら、自己紹介（と背中を押す）
慶多	こんにちは、野々宮慶多です
雄大	はい、こんにちは

○32 同 / キッズパーク内 / カフェ

店員A	お待たせしましたお先にドリンク失礼します。お料理のほう3番でお待ち下さい……（良多に番号札を渡して）お願いしまーす

人数分の飲み物を先に持って行こうとするゆかりのトレーから、自分の飲み物だけ先に持って走っていく琉晴。

ゆかり	…こら琉！……

レジで支払いをする雄大。

雄大	（良多に）いつもよりちょっと贅沢しちゃった
良多	……
ゆかりの声	こら！…こら琉！アンタお兄ちゃんでしょ！こら！
店員B	お会計が6030円でございます

財布を出そうとする良多を大丈夫だからと制する雄大。

良多	いえいえ…ここは
雄大	あーあー……いやいや……（店員に）領収書
店員B	はい

雄大	あのね、前橋中央総合病院…
店員B	はい
雄大	あ、これもいっしょに

とカウンターに置かれたお菓子を4つ取って並べる。

店員B	あ、はいありがとうございます
良多	……

○33 同 / 店内

みな座って食べている。琉晴はコーラを、慶多はオレンジジュースを
飲んでいる。
自分に似たところはないか？良多は実子を観察する。くったくのない
笑顔の琉晴。ストローをガシガシ噛みながら飲み物を飲み、飲み終え
遊びに行こうと立ち上がる。

琉晴	ごちそうさま。一緒にあそびにいく？（と慶多を誘う）
大和	ごちそうさま……やまとも一緒に遊びにいくー

慶多は良多の顔色を気にする。

良多	行っておいで

琉晴に手を引かれて走って行く慶多。美結と大和も走ってついて行
く。

雄大	美結、大和連れてって
ゆかり	琉…美結と大和見てて……

一緒に遊ぶこどもたち。
慶多と琉晴は手をつないで滑り台を滑る。

ゆかり	こどもは早いわねぇ…
雄大	でも…ま、どんくらいもらえんねやろな慰謝料って

唐突に呟いたその一言で、良多の雄大への軽蔑は決定的になった。

良多	大事なのはお金より、どうしてこうなってしまったのかっていう真相をですね…
雄大	そりゃあそうだけどさ、いや俺だってね…もちろんあれだよ
ゆかり	でもねぇ…誠意を形にするっていうのは、やっぱり…そういうことになるじゃないですか…
雄大	そうだよ、そういうことになるじゃないですか
良多	どなたかお知り合いに弁護士の方いらっしゃいますか？（いると思ってない）
雄大	（ゆかりを見て）…
ゆかり	…
良多	じゃあ、この件はいったん僕に任せていただいて。大学の同期で仲の良いのがいますんで…
雄大	（どうする？とゆかりを見る）
ゆかり	じゃあ、お願いします

雄大も頭を下げる。
「パパー」とこどもたちが雄大を呼ぶ。

　　　雄大　　　　（手を振る）うぃ〜……よっしゃ……

コーラを飲み干し、雄大がこどもたちのところへ走って行く。
その雄大のストローもガシガシだ。あきれる良多。

　　　良多　　　　電話してくる……

良多、席をはずす。
雄大は慶多も含めた4人のこどもたちとわけ隔てなく遊んでやる。雄大
は巨大な遊具から転げ落ちる。

　　　雄大　　　　首痛っ！

笑い転げる琉晴。雄大は、さらに遊具に押しつぶされて悲鳴を上げる。

　　　雄大の声　　　……オーマイガーッ

笑って見ているゆかりとみどり。

　　　ゆかり　　　（琉晴を見ながら）似てないのよ…ひとりだけ
　　　みどり　　　……
　　　ゆかり　　　口の悪い友達がさ『浮気したんだろう』って…。ひ
　　　　　　　　　っどいこと言うなって思ってたけど、まさかね……
　　　　　　　　　こんな…

みどり 　　　……

<u>ボールペン
の芯を
出す音</u>　ゆかりは紙ナプキンにケイタイの番号を書き始める。

○34 同 / 駐車場

雄大の車が良多たちの前に停まる。

　　　雄大　　　慶多くん、バイバイ、またね
　　　こどもたち　バイバーイ

「又ね。電話してね」とジェスチャーをするゆかり。
「変顔」をする雄大。笑う慶多。車発車し、手を振りながら帰っていく
雄大たち。
良多はみどりの手に握られたメモをみつける。

　　　良多　　　何？
　　　みどり　　あ。ゆかりさん。何でも相談してねって…
　　　良多　　　相談してねって、何上から目線で話されてんだよ。
　　　　　　　　しっかりしてくれよな。…もしかしたら戦うことに
　　　　　　　　なるかもしれないんだから
　　　みどり　　戦うって？

○35 鈴本法律事務所

相談に来ている良多。部屋へ入って来る弁護士の鈴本（42）。

鈴本	ごめんごめん。地裁で急に記者会見しなくちゃいけなくなってさ
良多	悪いな忙しいのに
鈴本	こっちは予定通り交渉すすめてるから
良多	頼むよ。金うんぬんより理由が知りたい
鈴本	（わかってますよ）ただ、向こうの弁護士が田舎もんでさ。普段債務整理ばっかりやってんだろうけど…話通じなくてさ
良多	（頭下げて）ご苦労おかけしてます

カロリーメイトを食べ始める鈴本。

鈴本	いいか？

「どうぞ」と促し、鞄からノートを取り出す良多。

良多	相談ていうのはさ、訴訟の件じゃなくって…何とかこどもをふたりとも（こっちに）引き取れる手段はないかなと思ってさ…
鈴本	（ふたりとも…）すごいこと考えるね。今さら父親になれるのか？その相手の子の
良多	とりあえず手元に置いてみるよ。まあ血はつながってるんだ。なんとかなるだろ
鈴本	血か…意外と古くさいんだな、お前
良多	古い新しいじゃないよ。父親っていうのはそういうもんだ

鈴本	それが古いって言うんだよ。お前昔からファザコンだったからな
良多	バカ言ってんじゃないよ。（ノートを開いて）あ、これなんだけど、イギリスだとさ、親が子供を育てる資格がないと行政が判断した場合、子供を引き離して施設に収容するって書いてあるんだけど…
鈴本	それは麻薬中毒とか…母親が家で売春を繰り返しているとかそういったケースだよ…
良多	…母親はすぐ怒鳴るし、父親は家でゴロゴロしてる感じなんだけど
鈴本	その程度じゃ無理だな、ネグレクトとは言えない。…親権っていうのは強いんだよ…
良多	それ相応の金を払って引き取ることはかまわないわけだよな。相手が納得すれば…
鈴本	でも納得しないだろ…
良多	提案してみるのはいいだろ？折をみて
鈴本	相変わらず強引だなあ…。まずはお互い協力して訴訟を戦っていただきたいんですけどね、弁護士としては

○36 ファミレス / 店内

T － 一月

4人のこどもたちは食べ終わったロブスターを銃にして遊んでいる。土曜日曜に定期的に行われる2家族の合同食事会。今日は秋山も同席している。鈴本もいる。

織間	どうでしょう…もう４回目ですし…。そろそろ宿泊というステップに進まれては…。こどもは…早いもんですよ馴れるのは
鈴本	その段階に進むのはやぶさかではないんですが、そのことと示談の話は別問題ですからね
織間	ええ、それはもちろん。どうですかね…斎木さん
雄大	あ……そうっすね…なんかこうやって会ってるのも楽しいのは楽しいんですけど…なあ…（とゆかりを見る）
ゆかり	（不愉快）４回目だからどうだとかなんかそういうマニュアルでもあるんですか？
雄大	そりゃそやな…なんか不愉快やな
織間	思いのほかうまくいくかも知れませんよ。何せ血はつながってるわけですから。そのことが実感できれば、今お感じになっている抵抗は（減るんじゃないか）
ゆかり	大和や美結たちのこともあるし。あんまり急ぎたくないんですよ
雄大	そうなんです。急ぎたくないんですよ…
鈴本	野々宮さんはいかがですか？
良多	とりあえず週末だけってことで始めてみますか？…土曜日に一泊するとか

琉晴がやって来てロブスターのハサミを銃にして大人たちを皆殺しにする。

琉晴	ババババババ…

「わー」とみな死んだ真似をする。雄大が一番派手に死んでみせる。良多だけが弾をよける。

　　　　琉晴　　　　　バババババ……

琉晴もう一度良多を撃とうとする。

　　　　ゆかり　　　　大事な話してるんだから向こう行ってなさいよ

琉晴、こどもたちのところに戻って行く。入れ替わりに大和がやってくる。

　　　　大和　　　　　バンバンバン

○37 ピアノ教室

慶多
ピアノ弾く
チューリップ

練習している慶多。見学しているみどり。母親の顔を盗み見る慶多。先生に何か指導されてピアノに戻る。突然泣き出すみどり。隣りに座っていた見学者に「大丈夫ですか」と気づかれる。

○38 帰り道〜良多のマンション／表

みどりと慶多。手をつないで歩く。

　　　　みどり　　　　慶多、ピアノ楽しい？
　　　　慶多　　　　　……（ちょっと首をひねる）
　　　　みどり　　　　無理しなくてもいいんだよ

慶多	でもパパ誉めてくれたし…
みどり	うん……じゃあ、頑張ろうか…
慶多	うん…
みどり	…発表会あるしね
慶多	うん…
みどり	頑張ろう！
慶多	（駆け出して）ひゅー…どーん！……ひゅー…
みどり	どーん
慶多	どーん！

笑い合うみどりと慶多。

○39 良多のマンション / リビング

<u>TV</u>
<u>ゲームの</u>
<u>音</u>
夜良多と慶多はソファに並んで座りゲームをしている。

良多	だめだー……ぜんぜんダメだ
慶多	やったー……やったー…
みどりの声	明日よろしくお願いします。はい、うん……

みどりはリュックにお泊まりの道具を詰めながら電話している。

慶多の声	…やった！
良多の声	パパぜんぜんダメだったなあ……

みどりは精一杯気丈に振る舞う。

みどり	あー、うん、おそばは大丈夫…うん…あー……生の魚はまだ食べさせてないの…（以下オフ）…え？…カニ？…あぁ、カニカマね…うん、わかりましたマヨネーズでね…はいはい、はい、よろしくお願いします。はい……はい失礼します
良多	ね、慶多明日さ、明日は朝の…10時に、ここを出発しようね
慶多	うん
良多	（サラリと）で、そのまんま……（ゲームの画面をみて）あ、白だ。そのまんま、土曜日は琉晴くんの家に泊まっておいで
慶多	うん
良多	大丈夫？
慶多	うん
良多	うん。これはね、慶多が強くなるたのミッションなんだよね……。わかる？ミッション
慶多	うん
良多	ほんと？慶多が強くなって大人になっていくための作戦なんだ

M6 1分 36秒

○40 道

翌朝。北関東の風景の中を走る良多の車。後部座席で、慶多はピアノを練習している。

○41 雄大の家／表

良多の車が到着する。
雄大の家は町の小さな電気屋だ。表でコマをまわしながら待っていた
琉晴。良多の車を見つけると慌てて家の中へ戻って行った。

> 良多の声　　　（ひとり言）おいおい…これはちょっといくら何で
> も…

車から降りる良多、慶多を連れて行く。みどりも降りて、ゆかりと雄
大にお辞儀。

> 良多・みどり　こんにちは
> 雄大・ゆかり　こんにちは
> 良多　　　　　……じゃあ……お願いします

良多、慶多を送り出し、琉晴を連れて車に戻る。
みどりとゆかりは、荷物を交換して「よろしくお願いします」と頭を
下げ合う。みどりは泣きそうになるのをがまんする。

> 良多　　　　　……じゃあ琉晴くん、後ろに乗って……

3人車に乗り込み発車する。見送る慶多、ゆかり、雄大。

○42 道

携帯
ゲーム音

走る良多の車。琉晴は後部座席でゲームに夢中。

> 琉晴　　　　　あ！オーマイガット！

○43 雄大の家 / つたや商店 / 庭

夕方。家の周りを探検している慶多。「ちゅうじ」と名札に書かれた古い犬小屋を覗く。

　　　　慶多　　　　ちゆうじ？

○44 同 / つたや商店 / 店内

新聞を読んでいた雄大が慶多を見て手招きする。店舗の中に入る慶多に微笑む雄大。

　　　　雄大　　　　ね、スパイダーマンてサクモだって知ってる？
　　　　慶多　　　　（首を振る）ううん
　　　　雄大　　　　（笑）

戸を開けて顔見知りの客が入って来る。

　　　　ナベさん　　あードクター寒いなぁ
　　　　雄大　　　　おう、ナベさん、元気？
　　　　ナベさん　　元気元気
　　　　雄大　　　　何？
　　　　ナベさん　　電球買いに来たの、トイレの…
　　　　雄大　　　　トイレか。じゃ60でええなか。慶多くんそこ閉めて
　　　　　　　　　　寒いから……。あ、あれにしとく？LEDにしとく？

立ち上がり、一緒に電球を選んでやる雄大。

	ナベさん	そんなに明るくしたらションベン出ないよ
	雄大	（笑）だったらまぁ、じゃあ40でいいか190円
	ナベさん	来週の日曜空いてない？ 朝6時
	雄大	まだ野球やってんの？ 体力あるねその年で…
台所から子供たちとゆかりの声	ナベさん	ドクターにピッチャーやらせてあげるよ
	雄大	俺もう無理。ほら、一足早く五十肩きてるから（と回す）ほら、上がんないもん
	ナベさん	はぁ、若いのになぁ
	雄大	ナベさん頑張って
餃子焼く音	ナベさん	また！
	雄大	ありがとね

台所からにぎやかな声が聞こえている。
餃子を焼く音がする（フライパンに水を入れジューという大きな音をたててフタをする）子供たちとゆかりが口をそろえて「せーの、1、2、3…」と数え始める。
2階の階段からゆかりの父、斎木宗蔦（そうたつ）（70）が食事の匂いにつられて降りて来て、慶多の脇を抜けて居間へ向かう。

宗蔦	餃子かな…
雄大	餃子ですよ

○45 同 / 台所

ゆかりとこどもたち「5、6、7、8、9、10…」
餃子を焼いているゆかりの傍らで見ているこどもたち、数を数えている。入口に立って見る慶多、ゆかりと目が合う。

ゆかり　　　　　11、12、13、14、15…

ゆかり、ウィンク。

　　　　　慶多　　　　　……

○46　同 / 居間

　　　　　一同　　　　　餃子、餃子、餃子……きたきたきた！
　　　　　ゆかり　　　　はーい、おまたせ…

大皿に盛られた餃子を全員で食べる晩ごはん。

　　　　　一同　　　　　いただきます！

「いただきます」もそこそこにわれ先にと餃子に手を出すみんな。テーブルにはビールとコーラ。こどもと同じように競争して食べて、熱くて口から餃子を吐き出し、ゆかりに叩かれる雄大。

　　　　　雄大　　　　　（ゲホゲホ）
　　　　　ゆかり　　　　ちょっとー
　　　　　雄大　　　　　むせちゃった……

参加できない慶多（カルチャーショック）。

　　　　　ゆかり　　　　（慶多に）ほら、早く食べないとなくなっちゃうよ…
　　　　　慶多　　　　　（食べようとする）

雄大	（宗蔦に）焼きたてうまいっすねー
宗蔦	（食べながら頷いている）
ゆかり	おいしい

○47 良多のマンション / ダイニング

晩ごはんには「すき焼き」を用意した。
良多がザラメをひいて肉を焼き始める。

みどり	パパは玉子のおかわりなしだからね
良多	えー…すき焼きの玉子くらい好きに食べさせてくれよ。なあ（と琉晴に）

ふたりはことさら明るく振る舞おうとする。
琉晴は玉子は使わない。見ている良多。

琉晴	あっつ……
みどり	ゆっくりゆっくり
良多	どうだ？おいしいか？
琉晴	まだ食べてない、熱いから
良多	(苦笑い)

琉晴は肉を食べ始める。

琉晴	おいしい
みどり	おいしい……
良多	おいしいか

みどり　　　　よかった

良多　　　　　琉晴くん、ちょっと箸の持ち方……ちょっといいかな

琉晴　　　　　……こう？

箸が上手に使えない琉晴に持ち方を教えてやる。

良多　　　　　うん、あのな……いいか、おじさんの良く見てく
　　　　　　　れ。こうやって、こうやって動かす……うん、やっ
　　　　　　　てみて……

その様子を複雑な気持ちでみているみどり。

[3巻目　S#48良多のマンション・風呂〜S#64キッズパーク内・カフェ]

15分42秒03コマ／1413FT03K

○48　良多のマンション／風呂

居心地良さそうにひとりで風呂に入っている琉晴。箸の使い方を真似
て、お風呂に浮いたおもちゃをネットに入れていく。

琉晴　　　　　（うまく出来て）よっしゃ

○49　同／書斎

机の引き出しを開けて古い写真を出して見る良多。兄と写っているも
の。母とのもの。しかしそれは選ばずにひとりの写真を琉晴の写真と
見比べる。

○50 雄大の家 / 表

翌朝。宗蔦が表で水をまいている。

○51 同 / 台所 ～ 居間

新聞を呼んでいる雄大。奥からゆかりが仏壇に供えるご飯を持ってくる。部屋の中を見るゆかり。
慶多は、障子のすき間から表を観ている。妹弟たち2人はまだふとんに一寝ている。

ゆかり	慶多くん
慶多	ん？
ゆかり	これ仏様にあげてきてくれる？
慶多	うん

ご飯を受け取る慶多。

ゆかり	（仏壇を指して）あっちね

慶多は仏壇にかげ膳をし、手を合わせる。

ゆかり	（大和と美結に）起きろー！起きて、やま……起きて
慶多	（ゆかりに）チンしていい？
ゆかり	いいよ
雄大	はい、おはよー
美結	おはよー

慶多、リンを叩く。隣に並んで座る雄大。

雄大　　　へー。やったことあんの、ん？

慶多　　　おばあちゃんちで

雄大　　　おばあちゃんち、ふーん…

妹弟たちもやって来て並んで手を合わせる。
雄大も手を合わせる。

雄大　　　よし、みんなはい、おはようございます。おばあちゃん、慶多です。よろしくお願いします

ゆかりやこどもたちも、雄大の言葉を復唱する。

美結　　　みゆです……

○52　同 / つたや商店 / 店内

午後。近所のこどもが持って来た壊れたおもちゃを修理している雄大。

雄大　　　熱いから気をつけろよみんな……いいか？

大和　　　けむりでた

雄大　　　よし！直ったんじゃないか？これ

大和　　　でんち……

雄大の周りに集まって見ている慶多と妹弟たち。美結がリモコンを向けると、動かなくなっていたレーシングカーが動き出す。

　　　　大和　　　　　すごーい

と感嘆の声をあげる大和。一同笑う。自慢気な雄大。

○53　良多のマンション / リビング

部屋の中にひとり座って遊んでいる琉晴。音の出る木のおもちゃに夢中になっている。編み物をする手を止めて戸惑いながらみているみどり。

×　　　×　　　×　　　×

カーテンの向うに立ち、外を見ている琉晴。

　　　　みどり　　　　どれ？
　　　　琉晴　　　　　え？あれ
　　　　みどり　　　　スカイツリー
　　　　琉晴　　　　　（そう）やろ？やんな……

×　　　×　　　×　　　×

2人の無言の時間。
琉晴はゲームをしている。もう少しで帰る時間だ。

琉晴	（ゲームに負けて）オーマイガット！負けた……（ゲームを閉じて立ち上がり）いま何時ですか？
みどり	うん……2時45分
琉晴	あー、まだや

琉晴座り直して時計を気にしながらゲームに戻る。

みどり	帰ろうか？
琉晴	！……うん
みどり	帰る？
琉晴	帰る

○54 前橋大島駅 / 改札

階段を昇って来るみどりと琉晴。改札の外に迎えに来ていた家族を見つけ、駆けていく琉晴。

大和の声	おかえりー
琉晴	ただいまー
雄大	おお琉晴！
ゆかり	おかえりー

慶多もみどりに駆け寄る。

みどり	イイ子にしてた？
慶多	うん
ゆかり	ごめんね、わざわざこんな遠くまで

みどり	ううん。こっち地元だから、私の
ゆかり	そうだよね…
雄大	良多さんは？
みどり	何か…大事な会議らしくて
雄大	ああ、好きだねえ…仕事
ゆかり	ちょっとは見習ってほしいけどね、この人にも
雄大	俺はな『明日出来ることは今日しいひんの』それがモットーやねん
ゆかり	はいはい。そんなこと言ってるうちにあっという間に人生なんか終わっちゃうんじゃないかねー……
雄大	恐いこと言うわ。まだもうちょっと残ってんのちゃうの？なあ？

笑うみどり。
慶多の両手の平には絆創膏が貼られ血が滲んでいる。

みどり	あれ、どうしたの？
雄大	あぁそれね（何でもないというように）公園でちょっと…近所の
みどり	大丈夫？
慶多	かけっこして転んだんだ
みどり	ああ、そっか……（傷を見ている）
ゆかり	ちょっと血出たけどすぐ止まったから
みどり	ちょっと血出たね
慶多	うん
みどり	……痛かった？
慶多	（頷く）

○55 電車内

窓越しに見える線路。

みどりの声	そうなんだ…みんなでお風呂入るんだ
慶多の声	うん…狭いんだよ。うちの半分くらい…

並んで座っているみどりと慶多。

みどり	へー……琉晴くんのママは、どんな人？
慶多	最初はちょっと恐かったけど、優しかった…
みどり	…そっか……

不安になるみどり。

みどり	慶多…ふたりでどっか行っちゃおうか…
慶多	どっかって？
みどり	遠ーいところ
慶多	遠いところって？
みどり	だーれも知らないところ
慶多	……パパは？
みどり	パパか…パパお仕事あるからなぁ…

○56 雄大の家 / 廊下奥 ～ 居間

雄大	ほら琉晴……大和も！こら大和！……

夜。風呂上がりの琉晴、美結、大和を追いかけ回す。

　　　雄大の声　　　(部屋の中で大和を捕まえて)…よっしゃ、捕まえたー

髪をタオルで拭き、パジャマに着替えさせる。大騒ぎの雄大とゆかり。

　　　ゆかり　　　まだ濡れてない？……おいでおいで、ちゃんとこっ
　　　　　　　　　ちおいで……こっちきてちゃんと、拭けないから
　　　琉晴　　　　もう濡れてない、もう濡れてない……
　　　ゆかり　　　濡れてるよ……
　　　琉晴　　　　濡れてない、濡れてないって
　　　ゆかり　　　濡れてる、まだ後ろの方
　　　琉晴　　　　いたっ……顔！
　　　ゆかり　　　ちょっとこっち向いて
　　　琉晴　　　　顔やめてや
　　　ゆかり　　　こっちきてちゃんと

ゆかりは琉晴をつかまえて、いつもより強く抱きしめる。その様子を
見ている雄大。

　　　雄大　　　　よし、みんなで寝よか

○57　良多のマンション / リビング

良多が帰宅している。風呂上がりの慶多の手の平を消毒して絆創膏を
交換してあげるみどり。

　　　　良多　　　　だいたいさ、ケガさせといて、すみませんでしたの
　　　　　　　　　　一言もないってどういうことだよ…

良多は怒っている。

　　　　みどり　　　じゃあ一緒に行ってくれればいいのに。今私に怒ら
　　　　　　　　　　れたって困っちゃうわよ。（手に触りながら）バン
　　　　　　　　　　ドエイド貼っとこうね
　　　　慶多　　　　琉晴くんのお家では、バンソーコーって言うんだよ
　　　　みどり　　　へえ…はい出来た。はい、パパにおやすみなさいって
　　　　慶多　　　　おやすみなさい
　　　　良多　　　　おやすみ

慶多、寝室へ。

　　　　みどり　　　パーティー盛況だった？
　　　　良多　　　　ああ…薫ちゃん、大学で彼氏できたんだって。本部
　　　　　　　　　　長ガックリしてたよ（笑）
　　　　みどり　　　みんな私のこと何か言ってなかった？
　　　　良多　　　　ん？
　　　　みどり　　　母親なんだからそれくらいのことわかるだろうと
　　　　　　　　　　か…
　　　　良多　　　　いや…別に…
　　　　みどり　　　あなただってほんとはそう思ってるんでしょ
　　　　良多　　　　思ってないよ
　　　　みどり　　　嘘。私のせいだと思ってるくせに…

慶多が寝室から戻ってくる。手にはロボットのおもちゃを持っている。

みどり	ん？
慶多	今度琉晴くんのおうちにいつ行くの？
みどり	今度の土曜日よ
慶多	これ持ってっていい？
みどり	うん。いいよ
慶多	すごいんだよ。なんでも直しちゃうんだよ
みどり	へえ…すごいねえ…

慶多を見つめる良多。

良多	じゃああの壊れたヒーターもついでに直してもらうか？

○58 同／寝室

T － 四月

季節は動いて春。
入学式の準備。新しい制服を慶多に着せているみどり。

みどり	お母さん、今日泊まってく？
里子の声	明日、あみもの教室あるから帰らないと。それにこの部屋、ホテルみたいで何か落ち着かないし

○59 同 / リビング

新しく買った勉強机がある。その上に真新しいランドセル。里子がお祝いに駆けつけている。

里子	…戦時中は里子とか養子とかたっくさん、いくらでもあったんだから…生みの親より育ての親って言うじゃない…
良多	まだそう決めたわけじゃありませんから
里子	だって、だってあなた、向こうと会うってことはそういうことじゃないの？
良多	（ピシャリ）そういうことは
里子	うん
良多	僕らふたりできちんと話し合って決めていきますから
里子	あら。ごめんなさい、年寄りがなんか……余計なお世話だったかしらね…
良多	いえいえ…貴重なご意見として伺っておきます……ありがとうございます
里子	それはありがとうございます
良多	ありがとうございます
みどり	できましたー
慶多	じゃーん
里子	（部屋から着替えて出て来た慶多を見て）あらー立派だこと。どこの王子様かしら……写真撮っちゃおう

チャイム	ピンポンとチャイムが鳴る。

みどり	はいはい…

モニターに雄大の姿が映し出される。

みどり	おはようございます……
雄大	来ちゃった…
みどり	（良多に）斉木さん…

○60 同／玄関

入って来る雄大。

雄大	どうも……なんか新幹線のお金出るっていうからさ
みどり	じゃ、どうぞ……
雄大	あ、どうも……、これ（お土産を渡す）
みどり	あ、すみません…
雄大	失礼します
雄大	へぇー……ここかあ…琉晴言うとったけど、ほんま ホテルみたいやん…おーおーおー慶多くん。おいおい いおい、めっちゃ男前やんかこれ、え？どっかの国 の王子様とちゃうんか？…
里子	どうもはじめまして。慶多の…
雄大	あ…おばあちゃん？はじめまして…お若いんですねぇ
里子	あら…おだてたって何も出ませんよ
雄大	なんだ、だったら誉めなきゃよかった（笑）

良多よりも里子と親しく話す雄大。

○61 桜並木の道

桜が咲いている。
写真を撮り合いながら学校へ向かう5人。雄大が動画を撮っている。

里子	撮りましょうか…？
雄大	あー大丈夫です
みどり	パパ写真撮る？
良多	そうだな……じゃあ……
雄大	あれ？慶多君それ何？慶多君
みどり	あ、綺麗！花びら
雄大	なに？見せて見せて
慶多	花びら
雄大	ん？

慶多、雄大のカメラに花びらを見せる。

×　　×　　×　　×

みんなで雄大のカメラに手を振る。
里子が見かねて替わろうとする。

里子	じゃあ、あなた、撮りますよ。撮りますよ

172

雄大	いえいえいえ……俺もう、コレで入っちゃいますからコレで（と自分撮りをする）
里子	入ってるんですか？それで……へぇ

○62 成華学院初等部 ／ 1年2組 ／ 教室

担任の教師が挨拶し、生徒ひとりひとりの名前が呼ばれていく。

教師	露木真緒さん……露木真緒さん
女の子	……はい

席に座っている慶多。うしろに並んで立っている良多とみどりと里子。雄大もいる。

教師	野々宮慶多さん
慶多	はい…
教師	矢野心さん
女の子	はい…
雄大	不思議なもんだな？
良多	？
雄大	…俺は、慶多の顔見て『琉晴』って名前付けたわけだろ…どう見ても『慶多』って顔だもんな、もう…
良多	……

○63 ショッピングモール ／ キッズパーク内

動くようになった慶多の青いロボットがテーブルの上でぐるぐる回っている。見ている良多。

> **雄大の声** 野々宮さん。良多さん。良ちゃん。バトンタッチ、交代して……

こどもと遊んでいた雄大が、ボールプールの網越しに叫んでいる。良多は（いや、俺は）と手を振って断る。ゆかりたちと替わって戻ってくる雄大。

> **雄大** いやーもうあかんあかんあかん……。しんど……せめて40までに作っとくんやった…体もたん
>
> **良多** ……
>
> **雄大** 良多さんも俺より若いんだから…もっと一緒にいる時間作った方がいいよ。こどもと
>
> **良多** まぁ…いろんな親子があっていいんじゃないですかね

と強がる良多。

> **雄大** お風呂も一緒に入らないんだって？
>
> **良多** うちは何でもひとりで出来るようにって方針なんですよ
>
> **雄大** ま、方針なら仕方ないけど…でもさ、そういうとこ面倒臭がっちゃだめだよ
>
> **良多** （痛いところを突かれた）
>
> **雄大** だって、俺この半年で良多さんが一緒にいた時間よりも長く慶多といるよ

良多	時間だけじゃないと思いますけどね…
雄大	何言ってんの。時間だよ…こどもはじかん
良多	僕にしかできない仕事があるんですよ

雄大が急に真剣な表情になる。

雄大	父親かて取り替えのきかん仕事やろ…

不愉快な良多。負けず嫌いなのに負けている。

○64 同 / キッズパーク内 / カフェ

入口近くに雄大と良多がいる。母親ふたりが食べ終わったゴミを片付けている。こどもたちはまだ遊んでいる。

雄大	（こどもに）おーいはよ来いよ、置いてくぞー
ゆかり	なんかすっかり兄弟みたいね…
みどり	ねぇ…
雄大	それであの、（店員に）…テイクアウトで…カツカレーひとつ、お願いできる？
店員	はい、少々お待ち下さいませ
良多	？
雄大	ああ…家であいつ（ゆかり）のおやじさんが腹すかして待ってるから…
良多	ああ…
雄大	半分ボケてこども返りしちゃってるからさ…こどもが4人いるようなもんなんだよ…

ゆかり	5人ね、こども。ひとりじゃとても面倒みきれない
雄大	……俺か……

笑い合う4人。

良多	（軽い調子で）じゃあふたりともこっちに譲ってくれませんか？
3人	……
雄大	あ？ふたりって…？
良多	慶多と…琉晴と…
雄大	それ、本気で…言ってる？
良多	ええ…駄目ですか？

雄大は良多の頭をいきなり叩く。

雄大	何を言うかと思うたら…
ゆかり	失礼よちょっと何よ…
良多	いや、でもこどもの幸せを考えた時に…ですね
ゆかり	私たちのこどもが不幸だっていうの？
良多	…お金ならまとまった額を用意できますから
雄大	（胸ぐらをつかむ）金で買えるもんとな買えへんもんがあんねん…お前、金で子供買うんか？え？
良多	（振り払って）この間は、誠意は金だって言ってたじゃないですか

みどりが間に入る。

みどり	すみません。うちの人、あんまり言葉づかいが…子供も見てますし……ね……
良多	……
店員の声	カツカレーお待ちのお客様大変お待たせ致しました
雄大	負けたことないやつってのはほんとに人の気持ちわかんないんだな…

カツカレーを受け取り、支払いをする雄大。納得がいかない良多。

[4巻目　S#65道の駅〜S#83ピアノの発表会・客席]
19分05秒02コマ／1717FT10K

○65 道の駅

自動販売機で3人分の飲み物を買っている慶多。車内からそれを見つめるみどり。

みどり	どうするの？
良多	ああ…
みどり	あんな場所で…冗談みたいに言い出して…信じられない。誰だって怒るわよ
良多	ちょっと黙っててくれよ今考えてんだから…
みどり	せっかく仲良くなりかけてたのに…
良多	なんで俺が電気屋にあんなこと言われなきゃいけないんだろな
みどり	またそんなこと言って…

慶多が戻って来る。

みどり	はいおかえり
慶多	ママカフェオレ
みどり	はいありがと
慶多	パパ無糖……
良多	うん、ありがとう
慶多	はい、ママおつり
みどり	はいありがとう
良多	……

○66 みどりの実家

慶多と里子、wiiをして遊んでいる。

里子	…はいきたきたきた！（打つ）はい、ほら、いった（慶多打つ）おお、うまいうまいうまい…（結果アウトで）…外れてるもん。慶多こっちの枠から外れて……ダメなんだよ……真ん中のとこに入れないと

○67 裁判所 / 階段上

良多とみどりがいる。その隣りに弁護士の鈴本。

鈴本	宮崎っていう看護師覚えてるか？
良多	いや…（お前は？）
みどり	顔見たらわかると思うけど…

良多	何喋るんだよ？
鈴本	まぁ恐らく病院側としては当時の勤務状況に落ち度はなかったってことを説明しておきたいんだろうけど
良多	……

いつも通り遅れてやってくる雄大とゆかり。

雄大	出かけになってからまたこいつが……アイロンがどうちゃらこうちゃらって（何か言おうとする）
ゆかり	（雄大に）お願いだから今つまんない冗談言わないで
みどり	この間は…すみませんでした（頭を下げながら良多を見る）
良多	どうも（と一応頭を下げる）

雄大とゆかりも気まずそうに会釈する。

雄大	ああ……いえ……こっちがあれで……もう……

○68 同／法廷内

3人の母親、みどり、ゆかり、そして元看護師の宮崎祥子（32）が証人席に並んで立っている。

3人	宣誓……良心に従って真実を述べ、何事も隠さず、偽りを述べないことを誓います
ゆかり	斎木ゆかり

みどり　　　野々宮みどり

祥子　　　　宮崎祥子

×　　　×　　　×　　　×

みどりへの尋問が行われている。

織間　　　たとえ病院側がミスを犯したとしてもですね、少し
　　　　　注意すれば、分かったのではないですか？母親なん
　　　　　ですから

みどり　　正常な状態ならそうだと思いますが、産後の出血も
　　　　　ひどくて…数日間は意識が朦朧とした状態だったので…

×　　　×　　　×　　　×

鈴本　　　今後はスムーズに交換へ進めそうですか？

ゆかり　　分かりません…交換したからといってその後うまく
　　　　　いくとは限りませんし…私たち家族の負担っていう
　　　　　のは決して一時的なものではありません。この先も
　　　　　ずっと、苦しみは続くと思います

×　　　×　　　×　　　×

織間　　　当時の勤務状況についてお伺いします。夜勤が何日
　　　　　も続くといったようなことがありましたか？

祥子　　　いえ…他の病院に比べて、シフトは楽なほうだった
　　　　　と思います

織間	ではですね、何故このような事故が起きたと思われますか？
祥子	……事故ではありません
織間	事故ではない……どういう意味ですか？
祥子	野々宮さんのご家族が幸せそうだったのでわざとやりました……

傍聴席がざわめく。病院関係者も色めき立つ。

×　　　×　　　×　　　×

廊下でこどもが2人、裁判が終わるのをソファに座って待っている。

×　　　×　　　×　　　×

祥子	……再婚したばかりで、子育てに悩んでいて……イライラを他人の赤ちゃんにぶつけてしまいました……野々宮さんは一番高い病室でしたし。旦那さんは一流企業に勤めていて…喜んでくれる家族もそばにいて…それに比べて…私は…

並んで聞いている良多とみどり。

良多	……
鈴本	子供を交換したとき、どんな気持ちでしたか？

181

祥子	正直スッとしたというか…不幸なのは自分だけじゃないんだって…

雄大とゆかり、怒りに震える。

鈴本	今…なぜ…あなたはそのことを告白しようという気持ちになったんですか？
祥子	夫の子供も今は懐いてくれていて…。そうしたら、自分のしたことがだんだん恐ろしくなってきて。きちんと罪を…償いたいと思うようになりました。（振り向いて）本当に申し訳ありませんでした……申し訳ありません

良多、黙って座っている。動けない。

○69 人気のない喫茶店

ソファに座っている良多、みどり、ゆかり。雄大はシナモントーストを食べている。

ゆかり	子育てにイライラしたくらいでこんなことされたんじゃたまったもんじゃないわよ
雄大	なあ…だっておまえ、最初から連れ子いるのわかってて再婚してんだろ？
ゆかり	スッとしたって…万引きか何かと同じだと思ってんのかしら
雄大	わかってないんだよ。自分の罪の重さがさ

ゆかり	今は幸せに暮らしてますって…そんな勝手な話ってある？
雄大	でも…あれだよな。これで当然慰謝料もアップするのんちゃうの…
ゆかり	そりゃそうでしょ…当然よ
雄大	それさ、鈴本さんに聞いといてよ（良多に）ねえ
良多	あ、はい…

言葉を失う良多。
みな、共通の「敵」がみつかったことで結束し、自分の中にためこんでいたうっぷんを、暴力的な言葉として吐き出す。

みどり	刑務所に入れられるんだよね
ゆかり	当たり前でしょ
雄大	5年とか10年とか？まあ、それでも短いけどな
良多	それが…もう…時効らしい
雄大	時効！？
良多	鈴本が……『成立するなら未成年者略取罪なんだけど…5年で…』って
みどり	こんなことしといて謝って終わり？冗談じゃないわよ
良多	声が大きいよ……
ゆかり	なんか…納得出来ないわよね。だって私たちはずっと苦しみ続けていくのに…あの女だけ時効なんて…
みどり	（ちょっと笑って）きっともう時効だって知ってて言い出したのよあの女…そうに決まってる……一生許さない…絶対……私……

一時、感情を失っていたみどりは憎しみを得て、逆にイキイキとして
いる。

　　　　　良多　　　　　……

○70 成華学院初等部／教室

Ｔ － 六月

黒板に『お父さんにありがとうを言おう！ ちちの日にバラをおくろ
う』とバラの花の絵が描かれている。工作の時間。

　　　　　教師　　　　　そうでーす。はーい
　　　　　生徒　　　　　こういう感じ？
　　　　　教師　　　　　あ、見てくださーい。ほら。はい、めぐみさんこん
　　　　　　　　　　　　な、こんなトゲ作ってまーす。上手ですねえ

慶多も茎にトゲを貼って、バラを作っている。

　　　　　生徒の声　　　せんせーい
　　　　　教師の声　　　はーい……そうそう上手上手、そう上手でーす。今
　　　　　　　　　　　　度ね、このお花つけてみよう

○71 線路脇の道

雨音

良多と兄の大輔（45）がふたり並んで歩いている。大輔は父の日の赤
いバラを手にしている。

大輔	血圧の薬は飲んでたらしいんだけどな
良多	2回目だっけ？
大輔	3回目
良多	良かったね。のぶ子さんいてくれて
大輔	あぁ…。お前、一緒にいる時くらい『母さん』て呼んでやれよな
良多	え？呼んでなかったっけ…（呼んでないのは知っている）
大輔	(苦笑) ……しかし…息子に会いたいなんて…おやじも弱くなったよなぁ…
良多	ちょうどいいんじゃない…ちょっとくらい弱ってくれたほうが…そんなの（バラ）見たら泣き出しちゃうんじゃないの？

大輔、笑いながら花束を見る。

○72 良輔のアパート

寿司屋	ではこちら、おつりになりますので
のぶ子	はーい
寿司屋	本日はどうもご注文ありがとうございました。失礼致します
のぶ子	ご苦労さま

寿司屋の出前が帰っていく。

父の良輔（70）は今はのぶ子（58）とふたりで外階段の古いアパートに暮らしている。かつては株で羽振りの良かった父は落ちぶれて見る影もなかった。しかし、思いのほか元気だ。どうやら息子ふたりに会うために仮病をつかったようだ。

> のぶ子　　　このあたり、こんなお店しかなくて

プラスチックの器に入った出前の寿司をすすめてくれるのぶ子。

> 良多　　　　もう良くなったんですか、御病気のほうは
> 良輔　　　　そうでも言わなきゃ来ないだろう
> 良多　　　　金ならこの間ので最後だって言ったろ
> 良輔　　　　金はあるさ…今、三ノ輪でビルの管理人してるからな…こいつもパート出てるし

部屋のすみにはまだ株式情報の雑誌などが積まれている。その雑誌を手に取る良多。

> 良多　　　　もうやめたら…こんなの……

雑誌をパラパラとめくって乱暴に投げる。

> 大輔　　　　良多！（やめろ）

と兄が弟をたしなめる。

のぶ子　　　　大ちゃんイクラ好きでしょ。ほら、遠慮しないで

そう言って台所へ行くのぶ子。

　　　　　　大輔　　　　いや…食べたいのはやまやまなんですけど、今ちょ
　　　　　　　　　　　　っとプリン体控えないといけなくて…まぁ…今日は
　　　　　　　　　　　　いいか（と一口食べる）。んーくそー、なんで玉子
　　　　　　　　　　　　ってこんな美味いんだ

ピアノ　　　兄弟そろって玉子好きだ。庭の向うの一軒家からピアノの音が響いて
スケール　　くる。
練習

　　　　　　大輔　　　　ダービーどうだったんですか？
　　　　　　良輔　　　　……うん……
　　　　　　大輔　　　　その顔は大負けしたんでしょう？

のぶ子のお茶の準備を手伝いに台所に立つ大輔。

　　　　　　大輔　　　　お母さんもあてがはずれちゃいましたよね、こんな
　　　　　　　　　　　　苦労させられて
　　　　　　良多の声　　買う馬券間違っちゃいましたね
ピアノ　　　良輔　　　　（ジロリと良多のことを見る）
優しい花　　のぶ子　　　バクチの才能ないから、私も
　　　　　　大輔　　　　じゃあ僕はお母さんに似ちゃったのかな（笑）
　　　　　　のぶ子　　　（笑）ま…しょうがないわよね…夫婦ですから…
　　　　　　良多　　　　…そんなに背負わなくてもいいのに…これじゃあ介
　　　　　　　　　　　　護ヘルパーと変わらないじゃないですか

お茶を運んで来たのぶ子が良輔の隣に座る。

のぶ子	ヘルパーだったら、時給1000円はもらわないとね（と明るい）
良輔	バカ。それじゃ俺より高いじゃないか……（ピアノの音の方を見て）3年もやってんのにずーっと『やさしい花』ばっかりだ。うるさくて昼寝も出来やしない
大輔	ちょっと聞こえますって
良輔	聞こえるように言ってんだよ

関節が痛むのか、父はずっと右膝をもんでいる。
薬を手にとって飲む。

良輔	それで…会ったのか？
良多	…
良輔	自分の子にだよ。ほんとうの
良多	…会いましたよ
良輔	似てたか、お前に
良多	……
良輔	似てたんだろ。そういうもんだよ、親子なんて。離れて暮らしてたって似てくるもんさ
大輔	（父を見て冗談ぽく）えー。勘弁して欲しいなぁ…なぁ（と良多に）
良多	（笑えない）

良輔	いいか、血だ…人も馬と同じで血が大事なんだ…これからどんどんその子はお前に似てくるぞ…慶多は逆にどんどんその相手の親に似ていくんだ…早くこどもは交換して二度と相手の家族とは会わないことだな…
良多	……そんなに簡単にはいきませんよ

○73 同／表

部屋を出て並んで歩く良輔と大輔。

大輔	そこ…すべるから気をつけて…
良輔	見えてるよ。うるさいな…いちいち。女房か？お前は
大輔	親切で言ってんじゃないですか。嫌われますよ、そんなこと言ってると……
良多	もう嫌われてるよ

遅れて歩く良多とのぶ子。

のぶ子	お父さんあんなこと言ってるけど、血なんてつながってなくたって、一緒に暮らしてたら情は湧くし似てくるし…夫婦ってそういうとこあるじゃない…親子もそうなんじゃないかしらね？
良多	…
のぶ子	私はね、そういうつもりであなたたちを育てたんだけどなー……
良多	……

並んでふたりを見送る良輔とのぶ子。

のぶ子	また来てね。大ちゃん、愛美ちゃんのパッチワークまた見に行くから
大輔	お待ちしてます……じゃ
良輔	次来る時は花じゃなくて酒にしろよ

笑って手をあげる大輔、飽きれる良多。

○74 良多のマンション（夜）

慶多の弾く
ピアノ

慶多がピアノの練習をしている『メリーさんの羊』。
帰宅した良多がみどりと話している。

みどり	でもよかったわね。お父さん…
良多	まんまとだまされたよ…無理して仕事抜けたのに…
みどり	何か言ってた？ 慶多のこと…
良多	いや…別に…
みどり	慶多…パパ帰って来たよ
慶多の声	おかえり
良多	ただいま

良多の顔を描いた絵と手作りの赤いバラが2本テーブルに置かれている。

良多	（手にとる）
みどり	父の日の……学校で

	良多	（バラを手に）慶多、ありがとうな
	慶多	そっちは琉晴くんのパパにあげるんだ…
	良多	…
	慶多	ロボット直してもらったから…
慶多の弾く ピアノ	良多	……そっか……ほんとに優しいんだな、慶多は（誉めてない）

○75 雄大の家 / つたや商店

駐車場で遊んでいるこどもたちと雄大。店の中からガラス越しに見守っている良多と母ふたり。

	ゆかりの声	このままっていうわけにはいかないんですかね…全部なかったことにして…
	良多	これからどんどん慶多は斉木さんの家族に似てきます…逆に琉晴は…どんどん僕らに似てきます…

父に言われたことを繰り返す良多。

	良多	それでも血の繋がってない子供を……今まで通り愛せますか？
	ゆかり	愛せますよ、もちろん。似てるとか似てないとかそんなことにこだわってるのは、子供と繋がってるっていう実感のない男だけよ…

（ゆかりは、琉晴をもう充分愛してしまっているからこそ辛い）

良多 　　　先に延ばせば延ばすほど余計に辛くなりますよ…僕
　　　　　らも…子供たちも…

みどり 　　……

○76 同 / 表 / 翌日

美結 　　　これやって（手にした風車）で遊んでるね

自転車で出掛けて行くゆかり。見送る慶多と大和と美結。

ゆかり 　　じゃあ慶多、2人のこと頼んだね

慶多 　　　うん

ゆかり 　　よし、行ってくるよ

こどもたち 　いってらっしゃい

○77 弁当屋

ランチタイムのパートをしているゆかり。

ゆかり 　　　のりコロお待たせいたしました

妹弟を連れて来てガラス越しに見ている慶多。ゆかりと目が合う。

ゆかりの声 　400円になります

○78 道

ゆかりから弁当をもらって歩いて帰る3人。

> **ゆかり**　　はい、慶多のはカラアゲひとつおまけしといたから
> ね。じゃあ気をつけてかえってね
> **こどもたち**　　はーい。バイバイ

振り返った慶多に、ゆかりがウィンク。慶多もウィンク。3人を見送っ
て仕事に戻るゆかり。

○79 雄大の家 / 裏庭

シートを地面の上に敷いて、お昼寝中の雄大、慶多、美結、大和。周
りには食べ終わった唐揚げ弁当。

> **雄大**　　夏んなったら、ね、ここで、花火して…プールに入
> って…そして、スイカ割りをしよう……慶多も一緒
> にしような……
> **慶多**　　うん……

○80 良多のマンション / 廊下

帰宅する良多。玄関の鍵を開ける。

> **みどりの声**　　そうなの…

○81 同 / リビング

電気もつけずにリビングにひとりポツンと座っているみどり。手に編み棒を一本持って誰かと電話している。

みどり	…笑える
良多	ただいま

どうやら相手はゆかりらしい。

みどり	あっ帰ってきたみたい。…助かった。うん、ありがとね、またね（とケイタイを切る）

電気のスイッチをつける良多。

みどり	おかえりなさい
良多	琉晴は？
みどり	うん…お風呂
良多	うん…
みどり	あ…もうこんな時間だ…（と言いながらしかし立ち上がらない）
良多	悪いな…まかせっきりにして…明日はなんとか空けたから……
みどり	別に今までもずっとそうだったし大丈夫ですよ

と妻はチクリと良多を刺す。

良多	……誰と話してた？
みどり	ゆかりさん…（珍しく楽しそうに）雄大さんね…50（歳）過ぎたらサーフショップ開きたいって言ってるんだけど…ほんとはサーフィン出来ないんだって、あはは（笑）
良多	ちょっと距離おいたほうがいいんじゃないか

編み棒で
床を刺す音

みどり	母親どうしいろいろ情報交換しないといけないのよ。あなたにはわかんないでしょうけど…
良多	……

○82 ピアノ発表会会場

慶多の弾く
ピアノ
メリーさん
の羊

間違えながら弾いている慶多。聞いている良多とみどり。

○83 同 / 客席

ピアノ
抒情
小品集
第I集~
妖精の踊り

3人並んで他の子の発表を聴いている。
演奏が終わり、拍手が客席からこぼれる。

慶多	上手だねぇ（とみどりに）
みどり	ねえ……

と拍手する。慶多を見る良多。

良多	慶多は悔しくないのか？もっと上手に弾きたいと思わないんだったら続けても意味ないぞ

慶多はただ父の喜ぶ顔が見たかっただけなのに―。

場内アナウンス	ありがとうございました。つづいて、オダランさんによる『おやつの時間』です
みどり	みんながあなたみたいに頑張れるわけじゃないわよ
良多	頑張るのが悪いみたいな言い方だな…
みどり	頑張りたくても頑張れない人だっているってこと…。慶多はきっと私に似たのよ…
良多	……

[5巻目　S#84良多のマンション・夜～S#98良多のマンション・リビング]
17分05秒09コマ／1538FT01K

○84 良多のマンション / 情景 / 夜

○85 同 / リビング

慶多は寝た。みどりが寝室から出て来る。

良多	寝た？

リビングのふたり。深刻。

みどり	あなたの言う通りにしたのに、結局慶多を手放すことになるのね。俺に任せとけなんて言ったくせに。嘘つき
良多	計算外だったんだよ…俺も

みどり	あなたは最初から決めてたのよ。慶多との６年より血を選ぶって…
良多	そんなことないって…
みどり	あなた…慶多がうちの子じゃないってわかった時何て言ったか覚えてる？
良多	（さえぎって）覚えてるよ…何でわかんなかったんだって…あの時はさ、悪かったよ…

立ち上がりみどりの方に近づこうとする良多。それを振り切るように窓辺へ行くみどり。

みどり	ちがうわよ。そんなことじゃない。あなたはこう言ったの。『やっぱりそういうことか』って…。『やっぱり』って…。『やっぱり』ってどういう意味？……あなたは慶多があなたほど優秀じゃないのが最初から信じられなかったんでしょ…あのひと言だけは……私一生忘れない
良多	……

反論できない良多。

○86 同／寝室

ベッドの中で目を開いている慶多。

○87 公園

慶多	いくよ
良多	うん
慶多	（回転ジャングルを回しながら）1…
良多	すごいな
慶多	……2……3……

飛び乗る慶多。

良多	おお、すごい

慶多と良多が回転ジャングルジムに座っている。
良多は慶多の写真を撮る。

良多	はい、いくよ、せーの
慶多	僕にも貸して
良多	うん

慶多、カメラを受け取る。

良多	（慶多にカメラの位置を教える）こっちから

慶多、良多の写真を撮る。

良多	そのカメラ、慶多にあげるよ

首を振る慶多。

良多	どして？いらないの？
慶多	うん、いらない
良多	……そうか

○88 良多のマンション / ダイニング

慶多との最後の晩。みどりの作ったカラアゲを3人で食べる。

良多	いいか慶多。むこうのおうちに行ったら…おじさんとおばさんをパパとママって呼ぶんだぞ。寂しくても泣いたり電話してきたりしちゃ、駄目だ。約束だ
慶多	…ミッション？
良多	うん、ミッション
慶多	いつまで？
良多	決まってない……慶多はさ、なんでこんなミッションなんかやるんだろうって思ってるだろうけど、10年たったら、きっとわかってくれると思うんだ…
慶多	琉晴くんのお家でもピアノする？
良多	どっちでもいい
みどり	慶多が続けたければ続けなさい。ママがたのんであげるから

慶多の手を拭いてやるみどり。

良多	……

○89 同 / リビング

ピアノの上や棚に飾ってあった写真を取るみどり。壁に掛けてあった
慶多の手形を取ると、手を重ねてみる。小学校の制服を畳む。みどり
は6年分のアルバムを整理して慶多に持たせる写真を選ぶ。
スーツケースのふたを閉じるみどり。その背中。

○90 同 / 寝室

寝ている慶多の顔をじっと見ているみどり。その顔に触れる。

○91 同 / 書斎

時計の針の音 ひとりで座っている良多。

○92 川

ふた組の家族8人で遊びに来ている。バーベキューセットなどは雄大が
車に積んで来ている。遊んでいるこどもたちを見ながら話し合ってい
る大人たち。

> **雄大**　　ここ、凧揚げダメみたい……なんか、鮎を守ってる
> んだって。鳥が来ないようにこう糸がもう、ずうっ
> とばーっと張ってあるから……

凧揚げをして遊ぶ雄こどもたち。雄大は良多のところへ行く。

雄大	こら、ダメ、琉晴……俺らの頃は……あ、まあ……つっても俺の方が少し上やけど…親父がほら、タケヒゴと障子紙で作ってくれて…新聞切って、細く切って作ったあの足…今のは簡単に上がっておもろないけど、あんときのはちゃんと上がらなくて…
良多	僕の父は……子供と一緒に凧揚げをするような人じゃなかったんですよ
雄大	でも…そんなん、おやじの真似せんでええんとちゃうの
良多	………
雄大	…琉晴とはやってあげてくれよ
良多	……ええ（苦笑い）

　　　　×　　　×　　　×　　　×

列車が子供たちの前を通過する。

美結	電車きた

見る子供たち。

琉晴	電車、通過！通過！

　　　　×　　　×　　　×　　　×

ふたりの母が話している。

ゆかり	ああ見えて、恐がりでさ…夜のトイレ一人で行くのいやがって、いつも私がついて行ってたんだけど、下の子ができてから、急にお兄ちゃんらしくなってさ、大和のおしめがとれてトイレ行けるようになったら、自分がついて行くんだって、はりきってた……
みどり	慶多もずっと……弟が欲しいって言ってたの…でも…私…もう産めなくて…。だから…こんな形でも、妹弟が出来て…きっとそれは…嬉しいと思う……

ふたりの母はそれぞれ一番大切なこどもとの思い出を話し、記憶を共有する。ゆかりがみどりのことを抱きしめる（ゆかりは抱きしめる人である）。

×　　　×　　　×　　　×

慶多と良多、並んで川をみている。

良多	慶多…向うのお家に行っても、何にも心配しなくていいからな。琉晴くんのおじさんもおばさんも、慶多のこと大好きだって言ってたから…
慶多	パパより？
良多	…パパよりもだ
慶多	……

雄大が来る。

雄大の声	そしたら…みんなで写真撮ろか…

良多	はい
雄大	おいで

慶多、雄大の方へ歩いていく。見送る良多。

×　　×　　×　　×

並ぶこどもたちとゆかりとみどり。みどりは慶多の傾いた首を直す。

みどり	こうかな……

カメラの準備をする良多と雄大。

雄大	笑おう
良多	え？
雄大	みんなで笑おうよ
良多	……はい
雄大	おーい、いくぞ！いっせーの、せ！

2台のカメラのタイマーをセットして雄大と良多が走って戻る。

雄大	（大和を起こして）はい大和……ハハハハハハハハ

と大きな声を出して笑う。

良多	ハハハハ…
琉晴	何がオモロいの？

203

雄大	何がオモロいの？
琉晴	なんもオモロくない
雄大	なんもオモロくないわ

シャッター音がしてストップモーション。集合写真のひきつった笑顔がゆっくりとF.O.

~FO~

琉晴の声	ストローは、噛まない……

○93 良多のマンション / リビング

夜。琉晴のために新しく用意された食器や服が並べられている。
みどりは琉晴の写真を部屋の中に飾っていく─。
良多が紙に書いた「ルール」を読み上げる琉晴。

琉晴	……英語の練習を毎日する。…トイレは座ってする。お風呂は一人で静かに入る。テレビゲームは一日30分。パパとママと呼ぶこと。なんで？……パパちゃうやん。パパちゃうよ
良多	これからは、おじさんがパパなんだ

戸惑う琉晴。

琉晴	なんで？
良多	なんででも

琉晴	なんで？
良多	そして、あっちを……じゃあこうしよう。パパとママは、あっちにいる。今まで通りでいい
琉晴	うん
良多	おじさんとおばさんを…
琉晴	うん
良多	…お父さんとお母さんって、呼んでもらっていい？
琉晴	なんで？
良多	なんででもだ
琉晴	なんででも、のなんでが分からん
良多	そのうち解るようになる
琉晴	なんで？
良多	なんででもだ
琉晴	なんででも……なんで？
良多	なんでだろうな…
琉晴	なんで？
良多	……歯、磨こうか

○94 同 / 洗面所

洗面台で歯ブラシを手に鏡に向かっているる琉晴。ブツブツ言いながら踏み台を使い、鏡に何かしている。

×　　×　　×　　×

良多、鏡の前に立ち、ため息をついて見る。鏡には歯みがき粉で描かれたロボットのラクガキ。

○95 雄大の家

うつむいて座っている慶多。やって来るゆかり。

> **ゆかり** あれ？どした？ん？……あ、故障しちゃったかな？
> （慶多を立上がらせて）よし、じゃあ、おばちゃん
> が修理してあげよう

雄大がロボットを修理したように慶多のお腹の部分を開く真似をする
ゆかり。

> **ゆかり** カパ……シュー、キューンキューン、ここか
> な？ここかな？こうかなこうかな？

身体をあちこちつつくゆかり。笑う慶多。

> **ゆかり** どう…直った？
> **慶多** （頷く）

ゆかりはそんな慶多を抱きしめる。慶多はゆかりの背中に手を回す。

~FO~

○96 三嵜建設／会議室

T － 八月

上山に呼ばれた良多は、部署の異動を知らされる。上山の手には良多たちの「赤ちゃん取り違え事件」を掲載した週刊誌。

良多	技研って…宇都宮のですか…
上山	ああ…
良多	なんで僕なんですか。野原でいいじゃないですか
上山	まぁな、だけどお前も裁判抱えてることだしさ
良多	勘違いしないで下さいよ。僕は訴えられてるわけじゃないんですから…
上山	わかってるよそんなことは。ただな…お前ずっとアクセル踏み続けて来ただろ。そろそろブレーキも必要だってことだよ
良多	部長だってアクセル踏みっぱなしでここまで来たわけじゃないですか
上山	時代が違うよ時代が…
良多	……
上山	ま…ちょっとは家族のそばにいてやれよ
良多	……

○97 良多のマンション / リビング

夜。みどりと琉晴のふたりだけの食事。琉晴が楽しそうにカップ麺について話している。

琉晴	…青色のやつもある、赤色…
みどり	ふーん、その中でどれがいい？
琉晴	その中で、赤

| みどり | ふーん、赤はしょう油だ？ちがう？ |
| 琉晴 | わからん |

笑うみどりのエプロンのポケットで携帯電話が鳴り、みどりが出る。

| みどり | もしもし？…… |

相手は慶多だ。みどりの表情が変わる。

| 琉晴 | ……ん？ |

立ち上がり寝室へと場所を移すみどり。

| みどり | うん…うん……パパまだ帰って来てないから内緒に |
| | しといてあげるね… |

琉晴はそのやりとりを複雑な表情で聞いてる（嫉妬）。

○98 同 / 良多の書斎

夜。琉晴が描いた絵を手にしている良多。

良多	なんでこんな絵描いたんだ…お母さん泣いてだぞ
琉晴	……
良多	…ちゃんと謝ったのか？なぁ……
琉晴	……
良多	……（溜め息）もういいや、もう寝な…ほら…

琉晴黙って去る。

<blockquote>

良多　　　　おやすみなさいは？

琉晴　　　　（戻ってきて）おやすみなさい

</blockquote>

絵が良多の手元に残る。その絵のパパとママは明らかに雄大とゆかりだ。

[6巻目　S#99公園〜S#117良多のマンション・寝室]
13分57秒09コマ／1256FT01K

○99 公園

ぽつんと1人でいるみどり。

○100 良多のマンション / リビング

乱暴に電子ピアノを弾く琉晴。入って来て見つめる良多。

<blockquote>

良多　　　　うるさいぞ…静かにしろ…

</blockquote>

弾くのを止めない琉晴。

<blockquote>

良多　　　　…やめろって言ってるんだ！

</blockquote>

良多は大きな声を出す。振り返る琉晴、良多にわざとぶつかり、リビングを出てトイレへ逃げる。

溜め息をつく良多、ピアノに近づくとひとさし指で弾いてみる。その背中。

○101 同 / 書斎（数日後）

わざと壊したおもちゃを持って良多の書斎に来る琉晴。

> 良多　　これはさ、これもうダメだから、お母さんに新しいの
> 　　　　買ってもらいな
> 琉晴　　じゃあ。また帰ったらパパに直してもらおう

そう言って去ろうとする琉晴。

> 良多　　琉晴……もう向こうの家には帰らないんだ…琉晴は
> 　　　　ずっとここで暮らすんだ…おじさんが本当のパパな
> 　　　　んだ
> 琉晴　　……
> 良多　　貸してごらん

負けず嫌い。もう一度直そうとする。見ている琉晴。

○102 同 / リビング

翌朝。ソファで目を覚ます良多。お尻の下から父の日に慶多が作ったバラの花の茎だけが出てくる。その茎を手にする良多。花を探すが見つからない。

○103 三嵜建設 / 技術研究所 / 応接室

オレンジ色の作業着を着た社員が目立つ、吹き抜けの広いオフィス。その一角にあるガラス張りの応接室。ブラインドを下ろしていく良多。弁護士の鈴本が来ている。

<blockquote>

鈴本　　　…せっかく勝利の報告に来たのに…嬉しそうじゃないな

良多　　　勝ってないよ…俺は

</blockquote>

良多は急に老け込んだように見える。

<blockquote>

鈴本　　　まぁ…はっきりした勝者なんていないもんだよ、訴訟は

良多　　　そういうことじゃないんだよ。俺が言ってるのは

鈴本　　　お前らしくないけど…何だか好きになりそうだな…

良多　　　お前に愛されても嬉しくないよ

鈴本　　　誰かに愛されたいのか？ますますお前らしくないけど（笑）あぁ、忘れるとこだった。…これ（と封筒をヒラヒラさせる）

</blockquote>

鈴本は封筒を机の上に置く。

<blockquote>

良多　　　？

鈴本　　　あの看護師から病院の慰謝料とは別に…まぁ…誠意ってやつですかね精一杯の

</blockquote>

その封筒を手に取る良多。

チャイム

○104 祥子のアパート

夜。チャイムを鳴らす良多。

<blockquote>

祥子の声　　　そんなことでケンカしないの！

女の子の声　　そんなに食べるとブタになるよ！

男の子(輝生)の声　うるせーなー

</blockquote>

中から祥子が出てくる。

<blockquote>

祥子　　　　　はーい……

女の子の声　　（お兄ちゃん）食べ過ぎ、パパの分なくなっちゃうで
　　　　　　　しょ！

良多　　　　　こんばんは…

祥子　　　　　……こんばんは……

</blockquote>

中を気にしながらドアを閉める祥子。

<blockquote>

良多　　　　　（お金を返して）これ……お返しします…せ、い、い

祥子　　　　　（小さく頷いて）…すみませんでした

良多　　　　　あんたのせいで…おれの家族は…めちゃくちゃです
　　　　　　　よ…

</blockquote>

輝生がドアを開け祥子と良多の間に立ち、祥子をかばうようにする。

祥子	輝ちゃん…（首を振る）
良多	お前は関係ないだろう…
輝生	関係あるよ…僕のお母さんだもん
祥子	…
良多	……

良多は自分の行為が恥ずかしくなって（偉いな）と言うように輝生の
肩を叩き、帰って行く。

○105 道

夜。ひとりトボトボと歩く良多。

○106 良多のマンション地下駐車場

車の中で考え事をしている良多。携帯電話を手に取り、かける。

呼び出し音

女の子の声	もしもし野々宮です…
良多	…良多です…
女の子の声	あら…良ちゃん、この間はありがとね
良多	うん…あのさ
女の子の声	ん？あ、お父さん？
良多	いや…謝ろうと思って…
女の子の声	…なによ…やあよ…深刻な話は……
良多	昔さ…

女の子の声	いいわよ…昔の話は…もう忘れちゃった…。あなたとはもっと下らない話がしたいな。ほら、誰がカツラだとか整形だとか…そういう話（笑）
良多	そうだね…
女の子の声	（父が何か言ってる）お父さん『もうお酒ないぞ』だって…
良多	うん、わかった……わかったよ

○107 三嵜建設 / 技術研究室

ピンセットで、種を等間隔にゼラチンに埋めていく。そのアップ。
その植物を手に取る良多。興味ない。

| 橘 | 屋上緑化の年間水道使用量は、雨水利用によってかなり少なくなってます。植物への灌水と水辺域への補給水をあわせても…約42.6立方メートルで… |

屋上緑化による光熱費削減についての実験報告を受ける良多。

| 良多 | …… |

×　　×　　×　　×

蝉の声が響く

窓外の雑木林の中に作業着を着て双眼鏡を手にした山辺真一（38）がいる。見ている良多。

○108 同 / 技術研究所 / ビオトープ

蝉　　セミ時雨。良多来る。

> 山辺　　　　僕も、もともとあなたと同じ建築屋ですよ…

雑木林の中を歩く2人。

> 山辺　　　　（歩きながら）この林、研究のために人工的に作ったんですよ

良多はその人工の林の中にセミの抜け殻を見つける。

> 良多　　　これは…ここで？
> 山辺　　　ええ（頷いて）…よそから飛んでくるのはそんなに難しいことじゃないんですけど…セミがここで卵を産んで…幼虫が土から出て羽化するようになるまで15年かかりました
> 良多　　　そんなに…
> 山辺　　　長いですか…

山辺、ちょっと笑う。

> 良多　　　　……

人口の林を見上げる良多。

○109 良多のマンション / リビング

ベランダの窓から外を見る琉晴。どこかの公園で揚げられている凧。洗濯ものをたたんでいるみどりが居眠りをしているあいだにこっそりと出ていく琉晴。

○110 駅 / 改札

見回している琉晴。ひとりの大人の後ろについて、構内に入っていく琉晴。人ごみに紛れてしまう。

○111 公園

夕方。探すみどり。

○112 階段

降りてくるみどり。携帯電話に連絡が入る。

> **みどり**　　　……はい……（力が抜けて）え……？

○113 雄大の家 / 部屋

> **良多の声**　　　すみません。野々宮です……すみません、遅くなっちゃって……
>
> **雄大の声**　　　あぁ、どうもどうも

畳の上で琉晴とブロックで遊んでいた慶多が玄関から聞こえてきた良多の声にパッと表情を輝かせて走っていく。

雄大の声	なんかあの……凧揚げしたくなったんだってさ…
良多の声	凧揚げ？
ゆかりの声	なんか、知らない大人の人と一緒に改札抜けてきちゃったみたいで…

父が迎えに来たのは自分ではなく琉晴なのだということに気付き表情を失う慶多。部屋に戻り、押し入れに潜り込む。

| 雄大の声 | そういうとこだけほんともう妙に賢くて… |
| 良多の声 | 誉めてどうすんですか |

○114 同 / 玄関

良多	叱ってやって下さいよちゃんと
ゆかり	じゃあ食事もさせずに追い返せって言うの？そんなことできるわけないじゃない
良多	それは解りますけど…
雄大	まぁ……あんまりうまくいかへんようだったらいったんこっちに戻してもらっても
ゆかり	ええ…。うちは慶多と琉晴と両方引き取ったって全然構わないんですよ

立場完全に逆転。

　　　　良多　　　　……大丈夫ですよ…僕がなんとかしますから……琉
　　　　　　　　　　晴！琉晴！帰るぞ

○115　道

夜。走る車。運転席の良多。

　　　　良多　　　　……僕たちのこと、すぐにお父さんとお母さんって
　　　　　　　　　　呼ばなくていいからな

後ろに座って窓の外をずっと見ている琉晴。

　　　　琉晴　　　　……

○116　雄大の家 / 風呂場

雄大と慶多、大和でお風呂に入っている。一足早く風呂からあがった美
結の髪を拭きながらゆかりが言う。

　　　　ゆかり　　　遊んでないですぐでるのよ
　　　　雄大・大和の声　はーい

慶多は雄大の隣りで黙り込む。

　　　　雄大　　　　ん？　慶多！

それを見て湯船の湯を口にふくむ雄大。慶多に胸を手で押してみろと
ジェスチャー。押すのに合わせて口にふくんだ水を慶多の顔に吹きか
ける。笑う雄大。慶多はかけられた水を手でぬぐって少しだけ微笑
む。

○117 良多のマンション / 寝室

夜。琉晴は寝てしまった。ホッとしたみどりは琉晴の髪に触る。

みどり	こうして（目を閉じて）触ると…同じなの…あなたと
良多	俺も家出したんだ…母親に会いたくて…。すぐ親父
	に連れ戻されたけど…
みどり	……

[7巻目 S#118良多のマンション・リビング〜エンドロール／映倫]
15分49秒15コマ／1424FT07K

○118 良多のマンション / リビング

掃除しているみどり。その様子をこっそり見ている琉晴、おもちゃの
銃を構える。気付いたみどりは掃除機の銃で応戦して琉晴を撃つ。

みどり	ババババババ…

笑う琉晴。

○119 同 / 書斎

キャンプの準備をしている良多。インターネットを見ながらテントについて調べている。

　　　　　良多　　　　　（小声で呟く）…空気を逃がす畳み方……左右に……

リビングから琉晴とみどりの楽しそうな声が響いて来る。琉晴は「ババババ…」と又銃を撃ってみどりを倒したようだ。

　　　　　みどりの声　　　やられた
　　　　　琉晴の声　　　　次はお父さん！

その一言を聞いて身構える良多。どうしようか考えた挙げ句、立てかけてあったギターを持って銃のように構える。ドアが開いて琉晴が見えた瞬間に。

　　　　　良多　　　　　バン…

と先に撃つ。倒れる琉晴。音楽イン―。

　　　　　琉晴　　　　　オーマイガット！

みどり、やって来る。

　　　　　みどり　　　　琉ちゃん、琉ちゃん…大丈夫？琉ちゃん……琉ちゃん

起き上がった琉晴が「バン」と良多を撃つ。

良多	うっ

と大げさに倒れる。今度はみどりと琉晴が良多に駆け寄って助けよう
とする。

みどり	お父さん…大丈夫…お父さん

倒れた良多に駆け寄るみどりと琉晴。良多のお腹をくすぐる。

良多	ちょっ……止めなさい！

面白くて笑う。良多立ち上がり、3人で拳銃ごっこ。

琉晴	バチコン！バン！バチコン！
良多	バン！バン！バン！
みどり	バンバン！
琉晴	バチコン！

良多、琉晴の弾をよける動き。

○120 同 / リビング

新品の服に競争で着替える3人。

みどり	まだ勝ってる、まだ勝ってる…（着替え終わって）よし、できた！
琉晴	（着替え終わり）よっしゃー

×　　　×　　　×　　　×

琉晴がベランダにいる良多とみどりに、竿になる棒を持って来て渡す。

みどり	あった？
良多	大丈夫？
琉晴	（みどりに渡し）一番ちっちゃいの
みどり	ちっちゃいの
琉晴	（良多に渡す）はい
良多	ありがとう、よし、いくぞ、せーの

並んで釣りの真似をする3人。琉晴の竿が良多の頭に刺さる。

良多	いてっ
琉晴	（笑）
みどり	（笑）お父さんが釣れた
良多	ちゃんとあっち向けなさい
みどり	お父さんが釣れた
琉晴	（笑）
良多	いくぞ、琉晴
良多・みどり	せーの
良多	バシ！ビシ！ビシ！
みどり	なんで？なんで？（笑）

釣りの真似をするはずが、良多と琉晴は、チャンバラになってしまう。

× × × ×

テントにポールを通す良多たち。

良多　　　　よいしょ、よいしょ……

3人で持ち上げ、テントを広げる。

みどり　　　いくよー
良多　　　　…せーの……よーし

広げたテントでリビングがいっぱいになる。

× × × ×

そのテントの中ではしゃぐ3人。良多とみどりが琉晴に何かしているようだ。

琉晴　　　　やめてー。やめてよ
みどり　　　えーい、えーい
良多　　　　ははは（笑）
琉晴　　　　いったーっ（痛）

良多とみどりの笑い声。テントが揺れる。

× × × ×

夜。床に横になって夜空を見上げている3人。

琉晴	蟹座、蠍座…双子座……
みどり	蠍座
琉晴	楯座……
みどり	天秤座
良多	水瓶座……乙女座……
みどり	あ、流れ星だ！お願いごとして！

3人、目を閉じて願いごとをする。

みどり	琉ちゃん何お願いしたの？
琉晴	パパとママの場所に帰りたいって…
みどり	琉ちゃん……

みどり、身体を起こして琉晴を見る。琉晴、顔を隠す。

琉晴	ごめんなさい…
良多	(琉晴の頭をなでて) いいんだ…もういいんだよ
琉晴	……

○121 同 / ベランダ

みどりがひとりで立っている。

良多	どうした…

声を掛ける良多。

<table>
<tr><td>みどり</td><td>琉晴が…可愛くなってきた…</td></tr>
<tr><td>良多</td><td>じゃあ…なんで</td></tr>
<tr><td>みどり</td><td>だって…慶多に…申し訳なくて…あの子を裏切って
るみたいで…慶多も今頃……</td></tr>
</table>

良多、みどりの背中をさすってやる。

<u>救急車の
サイレン</u>　ベランダのふたり。

○122 同 / リビング

翌朝。良多の手にはカメラ。テントの中の2人を撮る。ソファに座り、
昨日の写真を見て、ちょっと微笑む。画面を戻して行き、先日の8人の
記念写真を見る。写真の中の慶多と良多は同じように首を右に傾けて
笑っている。血を越えて6年の間に似てしまった父と子。
もうひとつ前の画像を見る。そこには慶多が撮った良多の写真が次々
と映し出される。仕事をしている背中。寝ている顔。気付かないうち
に慶多が撮った自分の画。良多の顔が歪む。

みどりの声　朝ごはんどうする…

こらえきれない良多。それを見るみどり。

みどり　　　食べようか…

良多の目から涙があふれる。

○123 道

良多の車が、雄大の家へ向かっている。

○124 雄大の家 / つたや商店

ドアの前に琉晴をつれた良多とみどりが立つ。店先に慶多と雄大。一瞬戸惑った視線を向ける慶多。

雄大	おお、いらっしゃい。電球？何ワットにする？（笑）
琉晴	ただいま……

ゆかりが飛び出してきて琉晴を抱きしめる。

雄大の声	おうおかえり
ゆかりの声	琉、どうしたの？
良多	慶多

慶多、走って出て行く。

みどり	慶多！
良多	慶多！

良多走り出す。

○125 雄大の家 / 裏庭

裏の出口から逃げる慶多。追い掛ける良多。

○126 商店街

先を歩く慶多。だまって追い掛ける良多。

○127 橋

渡っている2人。

○128 並木道

良多　　　慶多…ごめんな。パパ、慶多に会いたくなっっちゃって…約束破って会いに来ちゃった……

振り向かずに歩いていく慶多。

慶多　　　パパなんかパパじゃない

良多　　　そうだよな…でもな…6年間は、6年間はパパだったんだよ。出来損ないだけど…パパだったんだよ

慶多、歩く。間隔をあけて並んで歩くふたり。

|良多|バラの花、なくしちゃってごめんな……ごめんな……。カメラ……写真もいっぱい撮ってくれてたんだな。……ピアノもさ、パパもピアノ途中でやめたから……もうね、もうミッションなんか終わりだ！|

2人の道が合流する。良多は慶多を抱きしめる。

○129 雄大の家 / 表

家の前で待っている琉晴、みどり、雄大たち。琉晴が反対側の道に慶多と良多を見つける。

|琉晴|来たで…|

琉晴とみどりが走り出してふたりと合流する。

|みどりの声|おかえり|

ゆかりと雄大の元に走って戻ってくる琉晴。

|大和|おかえりー|

子供たちが、琉晴に抱きつく。
家の表に出てふたりを待っていた家族たちと3人は合流する。大和が慶多に近づいて抱きつく。微笑み合う家族たち。

| 雄大 | 中（入る？）…… |
| 良多 | はい |

雄大とゆかりがうながしてみな店内へと入っていく。

| ゆかり | 中入ろ |
| 雄大 | よし、中入ろ…… |

良多と店舗に入る慶多。

| 慶多 | （良多に）スパイダーマンってクモだって知ってた？ |
| 良多 | ううん、初めて知った |

その8人は誰が誰の子で誰が誰の親なのかもう見分けがつかなかった─。

エンドロール

（完）

그렇게 아버지가 된다 각본집

そして父になる

초판	1쇄 발행 2018년 11월 30일
2판	1쇄 발행 2019년 4월 30일

제공	FUJI TV
펴낸곳	플레인아카이브
저자	고레에다 히로카즈
번역	정미은
표지 그림	황미옥
펴낸이	백준오
디자인/편집	이유희 (PYGMALION)
교정	이보람, 임유청
인쇄	다보아이앤써

출판등록	2017년 3월 30일 제406-2017-000039호
주소	(10881) 경기도 파주시 회동길 47, 1층

www.plainarchive.co.kr
전자우편 cs@plainarchive.com

17,900원

ISBN 979-11-960760-3-0

이 도서의 국립중앙도서관 출판예정도서목록(CIP)은 서지정보유통지원시스템 홈페이지(http://seoji.nl.go.kr)와
국가자료공동목록시스템(http://www.nl.go.kr/kolisnet)에서 이용하실 수 있습니다.(CIP제어번호: CIP2018037785)

"Like Father Like Son"

Written, Edited and Directed by KORE-EDA Hirokazu
With FUKUYAMA Masaharu, ONO Machiko, MAKI Yoko, Lily FRANKY
Director of Photography TAKIMOTO Mikiya